时代印记

王志艳◎编著

寻找

郑和

延边大学出版社

图书在版编目（CIP）数据

寻找郑和 / 王志艳编著．—延吉：延边大学出版社，2013.8(2020.7 重印)
ISBN 978-7-5634-5908-7

Ⅰ．①寻… Ⅱ．①王… Ⅲ．①郑和（1371 ~ 1435）—传记—青年读物②郑和（1371 ~ 1435）—传记—少年读物 Ⅳ．① K825.89-49

中国版本图书馆 CIP 数据核字 (2013) 第 209681 号

寻找郑和

编著：王志艳
责任编辑：李　宁
封面设计：映像视觉
出版发行：延边大学出版社
社址：吉林省延吉市公园路 977 号 邮编：133002
电话：0433-2732435 传真：0433-2732434
网址：http://www.ydcbs.com
印刷：唐山新苑印务有限公司
开本：690 × 960　1/16
印张：11 印张
字数：100 千字
版次：2013 年 8 月第 1 版
印次：2020 年 7 月第 3 次印刷
书号：ISBN 978-7-5634-5908-7
定价：29.80 元

前言

历史发展的每一个时代，都会有对后世产生巨大影响的人物，都会有推动我们前进的力量。这些曾经创造历史、影响时代的英雄，或以其深邃的思想推动了世界文明的进步，或以其叱咤风云的政治生涯影响了历史的进程，或以其在自然科学领域中的巨大成就为人类造福……

总之，他们在每个时代都留下了深深的印记，烙上了特定的记号。因为他们，历史的车轮才会不断前进；因为他们，每个时代的内容才会更加精彩。他们，已经成为历史长河的风向标，成为一个时代的闪光点，引领着我们后人走向更加深邃的精神世界和更加精彩的物质世界。

今天，当我们站在一个新的纪元回眸过去的时候，我们不能不提起他们的名字，因为是他们改变了我们的世界，改变了人类历史的发展格局。了解他们的生平、经历、思想、智慧，以及他们的人格魅力，也必然会对我们的人生产生深刻的影响。

为了能了解并铭记这些为人类历史发展做出过巨大贡献的人物，经过长时间的遴选，我们精选出一些最具影响力、最能代表时代发展与进步的人物，编成这套《时代印记》系列丛书，其宗旨是：期望通过这套青少年乐于、易于接受的传记形式的丛书，对青少年读者的成长产生潜移默化的影响，使他们能够从中吸取到有益的精神元素，立志奋进，为祖国、为人类作出自己的贡献。

前言

本套丛书写作角度新颖，它不是简单地堆砌有关名人的材料，而是精选了他们一生当中最富有代表性的事迹与思想贡献，以点带面，折射出他们充满传奇的人生经历和各具特点的鲜明个性，从而帮助我们更加透彻地了解每一位人物的人生经历及当时的历史背景，丰富我们的生活阅历与知识。

通过阅读这套丛书，我们可以结识到许多伟大的人物。与这些伟人“交往”，也会进一步提高我们的思想品格与道德修养，并以这些伟人的典范品行来衡量自己的行为，激励自己不断去追求更加理想的目标。

此外，书中还穿插了许多与这些著名人物相关的小知识、小故事等。这些内容语言简练，趣味性强，既能活跃版面，又能开阔青少年的阅读视野，同时还可作为青少年读者学习中的课外积累和写作素材。

我们相信，阅读本套丛书后，青少年朋友们一定可以更加真切、透彻地了解这些伟大人物在每个时代所留下的深刻印记，并从中汲取丰富的人生经验，立志成才。

导言

Introduction

郑和（1371—1433），原姓马，名和，小名三宝，又作三保，后被永乐皇帝朱棣赐姓为“郑”，称郑和。云南昆阳（今晋宁昆阳街道）宝山乡和代村人。中国明代著名航海家、外交家、宦官。郑和的一生，是中国明成祖时期海洋扩张政策“最惊人的展现”。

明洪武四年（1371），郑和出生于云南府昆阳州一个回族家庭中。他的家世十分显赫，祖上都是元朝贵族，世代信奉伊斯兰教，祖父和父亲还曾去过伊斯兰教的圣地麦加。受到祖辈及父亲的影响，郑和从小信奉伊斯兰教，并向往着远航、探险。

洪武十四年（1381），明朝大将傅友德率军攻入云南，意图消灭元军残余势力。当时正值郑和的父亲马哈只去世，在入葬时，郑和不幸被明军掳入蓝玉军营，并惨遭宫刑，后来又被带回南京。不久，郑和又随傅友德军赴北平练兵，并先后转于蒙古与辽东等地作战。

后来，郑和因“丰躯伟貌，博辨机敏，有智略，习兵法”，被挑选送入北京燕王朱棣的府邸服役，从此追寻在雄心勃勃的朱棣身边，深得燕王的喜爱与信任。

1399年，“靖难之役”爆发，郑和随同朱棣出征，攻下南京。不久，朱棣取代了他的侄子建文帝，登上皇位，是为明成祖，年号永乐。由于郑和在作战过程中“出入战阵，多建奇功”，被朱棣赐姓为“郑”，并擢升内官监太监之职，史称“三宝太监”。

明朝初年，明太祖朱元璋采取了休养生息、发展生产在国策，实施“海禁”。到明成祖朱棣时期，明朝进入繁盛时期。朱棣对内重视发展生产，对外解除“海禁”。正是在这样的大环境下，郑和开始了他七下西洋的壮举。

1405年，郑和奉明成祖朱棣之命，率领一支庞大的船队，开始了他人生中的第一次远航。在此后的28年间，他率领着两万多名官兵、最多时200多艘的船队又六下西洋，先后到过36个国家和地区，航程十万余里，最远到达非洲赤道以南的遥远地区，“云帆高张，昼夜星驰，涉彼狂澜，若履通衢”，场面十分壮观。

在七下西洋的过程中，郑和以高超的航海和军事指挥才能，战胜了惊涛恶浪和敌人的阴谋暗算，在亚非各国播下了和平友谊的种子，同时也为中国的对外交流开辟了重要航线，完成了七下西洋的伟大壮举。

宣德六年（1431），郑和偕王景弘、马欢、费信、巩珍等人，率领船队第七次下西洋。在返航过程中，郑和因劳累过度，于宣德八年（1433）四月初在印度西海岸古里去世，船队由太监王景弘率领返航，于宣德八年七月初六（1433年7月22日）返回南京。

本书从郑和的幼年时期开始写起，一直追溯到他以惊人的毅力，率领一批勇敢无畏的水手，出使海外，七下西洋，横跨亚非，访问了西太平洋和印度洋的30多个国家和地区，推动了世界大航海时代的到来，再现了这位在世界航海史上占据举足轻重地位的伟大航海家传奇的一生，旨在让广大青少年了解这位揭开世界航海史从内陆转向海洋大幕的航海家不平凡的人生经历，并从中汲取他那种勇敢、坚韧、不畏艰险的精神，同时，他的行为也彰显了中华民族的勇气和智慧，表明了我们维护世界和平的决心和信心。

目录

contents

目录

第一章 “海禁”政策

国家欲富强，不能置海洋于不顾。

——（明）郑和

（一）

从很早以前，我国人民就同亚非人民经由海上进行经济、文化交流。早在公元以前的西汉时期，中国的使者便乘船到达了印度和斯里兰卡，以丝织品换取珍珠、琉璃和其他一些奇石异物。

到了唐朝时期，很多阿拉伯商人来到中国，中国的船舶也远航到波斯湾甚至非洲等地进行贸易活动。当时，中国的许多丝织品和瓷器在巴格达的市场出售，而印度、波斯、阿拉伯以及东非一些国家的象牙、犀角、明珠、乳香、玳瑁等，也通过阿拉伯商人和中国商人运到中国。

宋朝时期，中国与亚非国家的航海贸易活动比盛唐时期更为繁荣。唐朝时，中国的船只虽然已经到达波斯湾甚至东非海岸，但当时是沿着北印度洋海岸航行的；而宋朝，中国的航海者开辟了横跨北印度洋直达阿拉伯半岛和非洲的新航线。

当时有三条航线：

第一条航线是从中国的泉州或广州开航，经过苏门答腊岛的亚齐进入印度洋，到印度半岛南端西海岸的故临（今奎隆），从故临再向西到达波斯湾和阿曼。

第二条航线是从广州或泉州出发，经过40天的航行到达苏门答腊岛的亚齐，然后从亚齐出发向西航行，经过60天的远航到达阿拉伯半岛的佐法尔，从佐法尔还可以向南航行到亚丁。

第三条航线是从苏门答腊的亚齐横跨印度洋，经过马尔代夫群岛，到达非洲索马里的贝纳迪尔地区。

当时，从东南亚、印度半岛、阿拉伯半岛以及非洲东海岸买入的物品，主要是香料、药材、犀角、象牙、珊瑚、珍珠、玛瑙、琥珀、翡翠、水晶等；而中国的一些矿产品，如金、银、铜、铁、锡、铅等，尤其是各种丝织品和瓷器，则大量销售到上述各地。

近几十年来，在印度、波斯湾沿岸、非洲的埃及、索马里海岸等许多地方，出土了不少宋朝的瓷器和钱币，就是当年中国与这些地方之间进行贸易往来的生动而有力的证明。

元朝继承了宋朝的航海成就，海外贸易的规模更加扩大。当时与广州进行贸易往来的，包括东南亚、印度半岛、波斯湾、阿拉伯半岛和非洲东海岸的广大地区。中国的商船经常往来于印度半岛上的故临、波斯湾的巴士拉及东非海岸的桑给巴尔，进出口的物资也比以前更多。

据记载，中国进口来的东西达200余种，其中有40多种是珠宝和香料，如象牙、犀角、珍珠、珊瑚、沉香、檀香等。此外还有药材、布匹、木材、漆器等。与此相对应的，出口的物资也很多，既有农产品，又有手工业产品，且以手工业产品为主。丝绸绢缎、陶瓷器皿、铜铁器物、日常用品等，也都成为当时重要的出口物资。

这种海外贸易在元朝的经济生活当中占据着相当重要的地位，虽然从元世祖忽必烈末年开始，曾先后四次下令禁止商人到海外经商，但结果又四次开放海禁。从1322年以后，元朝政府便再也没有下达过禁海令。

由此可见，自从汉朝以来，我国进口的物资多为供统治者们享用的奢侈品。历代的封建皇帝、贵族、官僚、地主等，不但要享用国内出产的山珍海味、奇珍异宝，还有追求海外的各种特产，甚至是珍禽异兽。尤其是唐宋以后，这一风气更为盛行。

其次，可以看出，我国出口的多为手工业品，尤其是丝织品和瓷器。我国的丝织品、瓷器以至一些铜铁器物，在当时都深受亚非诸国及一些欧洲国家的欢迎和喜爱，赢得了很高的声誉。

同时，宋元时期发达的航海事业和海外贸易，不仅开辟了远程航线，进行了经济文化交流，还积累了丰富的航海经验，培养了大批的航海技术人才，这就为明朝初期的郑和下西洋准备了必要的技术力量。而郑和下西洋这一壮举，也可以说正是宋、元以来海外贸易与航海事业的继续与发展。

（二）

元朝末期的十几年中，战火遍地，社会动荡不安，爆发了大规模的反抗运动。元朝统治者为了维护自己的统治，残酷地镇压各地起义，各地割据势力的彼此争斗交织在一起，导致人口锐减，田园荒芜，经济凋敝。1368年，朱元璋推翻元朝统治，建立明朝之际，所面临的国内经济就呈现出一派残破凄凉的景象。

明太祖朱元璋直接参与并领导了元末农民起义斗争，推翻了元朝统治者，因此，当他登上皇帝宝座后，为了巩固他的封建统治，首先就要恢复残破的国内经济，改善农民痛苦不堪的生活状况，缓和一下阶级矛盾。

首先，朱元璋采取了一系列有利于农业生产的措施，奖励农民屯田垦荒，减免他们的赋税、徭役。洪武初年，明朝政府下令：凡是战争时期荒芜的田地，农民开垦成熟了，就成为他们自己的产业；原主回来复业的，则由官府拨给他附近的荒田。复业的农民，如丁多地少，官府“于附近荒田，验丁拨补”。北方近城的荒地，“召民耕，人给十五亩，荒地二亩，免租三年”，“额外垦荒者永不起科”。这样一来，就保证了垦荒农民对土地的所有权，提高了农民垦荒生产的积极性。

在手工业方面，明朝初期，改革了工匠服役的制度。元朝时期，全国的手工匠几乎全部集中在元政府和贵族那里，终年无偿服役，政府还将他们编成特殊的户籍，称他们为“匠户”。匠户的子孙还要永远继承父兄的职业，不得改业。

明朝初期，明政府将匠户分为“住坐”和“轮班”两种。每个有“匠籍”的工匠，在京师的只要每月在当地服役十天，称“住坐”；在外地的，按明朝政府的规定，每三年到城服役三个月，称“轮班”。其余的时间，可以自己进行生产。

这样一来，手工业者的地位也获得了改善，比元朝的“匠户”自由多了，生产积极性也有了提高，从而促进了手工业的发展。明初的官营手工业，如冶铁、铸铜、造船、制瓷、织染、军器火药的制作，以及手工艺和土木建筑等，在质量上都超过了前代的水平。

对于商业，明朝政府也采取了保护和扶植的政策，规定降低商业税，只抽取三十分之一。到1380年时，明政府还规定：婚丧嫁娶、祭祀鬼神的东西，以及舟、车、丝、布等，都不抽税；设立一些货栈，供商人贮存货物。而且还采取了统一勘定度量衡，规定物价，发行货币，制止通货膨胀等一系列措施，促进了商业的发展。

当时，全国出现了30多个著名的商业城市，如南京、杭州、苏州、扬州、济南、开封、松江、常州、大同、广州、福州、宁波等。

元末农民战争和明朝初期采取的恢复和发展生产的措施，推动了明初社会经济的发展。到永乐年间，国家一扫过去满目疮痍的凋敝景象，出现了全国性的封建经济繁荣。正是由于这种经济的繁荣，国家实力的增强，才使得郑和庞大的船队七下西洋成为可能。

同时，手工业的发展，产品的增多，不仅要求扩大国内市场，还要求扩大国际市场，发展海外贸易。这些，都是郑和下西洋时的经济状况和由此产生的经济要求。

（三）

朱元璋建立明朝后，也曾沿袭元朝的传统，先后在太仓、黄渡、泉州、明州（今宁波）、广州等地，设立市舶提举司，管理海外贸易。

但到了洪武三年（1370），明政府先撤销了太仓、黄渡两市舶司；洪武七年（1374），又撤销了泉州、明州、广州三市的舶司，并三番五次地下达“片板不许入海”的禁令，严禁民间私自出海，与外国进行海外贸易，实行“海禁”政策。

为了推行这一政策，朱元璋还先后采取了一些措施：

第一，规定金、银、铜钱、缎匹、兵器为违禁物品，如果出海走私这些违禁品，就要罪上加罪。

第二，制定、颁行“首告”制度，规定邻里乡人对于私自出海者必须告发，对告发者给予一定的赏赐。

第三，不许人们贩卖外国货，也不准使用外国货。同时还规定，凡是没有同中国建立正式外交关系的国家，都不准到中国进行贸易。

朱元璋之所以实行“海禁”，主要是从巩固其封建统治的角度考虑的，也是与明朝初期的国内形势相联系的。

原来，在朱元璋击败张士诚、方国珍的过程中，有不少土豪、地主逃亡到沿海岛屿和海外，时刻准备着卷土重来，这对明初的政权是个巨大的威胁。

其次，从明朝建立初期，倭寇便开始在中国沿海一带骚扰。他们与明朝国内的一些豪强、奸商、海盗相互勾结，烧杀劫掠，虽还未成大患，但也使朝廷甚感不安。

朱元璋禁止人们出海，就是为了阻止一些人同张士诚、方国珍的残余势力，同倭寇相互勾结。这对于巩固明初的政权虽起到了一定的积极作用，但对于元朝以来蓬勃发展的海外贸易和航海来说，却是一种限制和打击。

但是，海外贸易是一个国家经济发展的客观要求，是难以禁住的。即使朱元璋在位期间，也仍然存在着两种形式的海外贸易。

一种是非法的，即走私。从事这种走私贸易的，不仅有商人，还有沿海一带的地方军事长宫。他们通常都是地方上的实力派，有财有势。明朝中央虽然多次严令禁止，他们仍不断走私贩运外国货。同时，外国人为了换得他们所需要的中国手工业品，也将货物私运到中国沿海的一些地区。

另一种则是合法的，即官营贸易。这种贸易是以“朝贡”和“赏赐”为主要形式进行的。朱元障和历代封建帝王一样，将中国看成是天朝上国，而把周围的一些小国看成是自己的“藩篱之邦”。“藩属”要定期向明朝中央进贡，明朝皇帝也要给予其不失天朝尊威的“赏赐”。

此外，明朝政府还允许外国使者及其随员携带一些货物，在朝贡、赏赐进行完毕之后，“于会同馆开市三日”，在中国官吏的严格督察下进行贸易活动。这种贸易必须在明朝政府指定的港口进行，范围狭小而有限，很难适应当时国际贸易的需要。

因此，有些海外国家为了扩大同中国的贸易关系，满足其对中国商品的需求，往往违章进贡，采取再贡、三贡，甚至四贡的办法，有些海外商人还冒充员使来中国进行贸易。

对此，朱元璋采取了种种限制措施，规定朝贡的期限为三年或五年一次；规定朝贡的路程取道广东、福建、浙江，再到明朝京都“应天”（今南京）；规定外国人居留地点为广州、泉州、明州；规定入贡的船只数、随行人数及所贡物品之种类等，还发行了一种入贡凭证，叫“勘合”，以防冒充贡使。

所以朱元璋在位期间，虽有海外贸易，但却十分有限。而随着明初政权的日益巩固和国力的增强，朱元璋实行海禁所考虑的出发点也越来越失去了它的实际意义。

（四）

洪武三十一年（1398），朱元璋死后，其长孙朱允炆继位，是为建文帝。建文四年（1402），燕王朱棣攻下南京，建文帝出走，不知所终。朱棣夺取帝位，是为明成祖，第二年改元永乐。

朱棣上台之后，改变了洪武年间的海禁政策，恢复了管理对外贸易的机构市舶司，并公开宣布，外国人愿意到中国来的，尽可以来；还派遣尹庆、宁善、闻良辅、马彬等人出使爪哇、苏门答腊、柯枝、古里等国，招徕入贡。

同时，朱棣对朱元璋所规定的违禁品也放宽了。在朱棣正式登上皇帝宝座的那一年（即永乐元年），日本贡使带来了一些兵器出售。这本来是违反禁令的，礼官请求治罪，但朱棣却说，外国来进贡，路途艰险，耗费巨大，不能一概用禁令来约束他们。

永乐二年（1404），琉球山南王的使者私自拿银子到处州（今浙江丽水县境内）购买瓷器，按洪武时期的禁令也应治罪，但朱棣却说，外邦人只知道追求利益，根本不知道中国的禁令，同样没有问罪。

与此同时，朱棣对中国人出海经商的禁令也放松了，并于1405年派遣郑和下西洋。

朱棣之所以组织宏大的船队，派遣郑和远航西洋，简而言之，就是为了扩大明王朝的政治影响，宣扬大明帝国的国威，加强同海外各国的联系，扩大同海外各国的贸易往来，以满足其建立天朝大国的欲望和满足统治阶级腐朽生活的需要。

随着明初经济的恢复和发展，明朝贵族、官僚、地主的经济实力逐渐增强，统治阶级享受的胃口也越来越大。洪武末年，全国占有七顷以上土地的地主就有14241户。

早在洪武四年（1371），明朝的一些新贵族地主就拥有佃户38194家。到永乐时期，一个有功的大臣李增枝在各地设立庄田，每个庄田就拥有佃户千百家。

随着财富的增加，这些贵族们对腐朽生活的奢望也越来越强烈。他们继承了历代官僚、地主奢求海外奇珍异物的风气，国内的物产已无法满足他们的需要，对国外的猫眼石、珊瑚、珍珠、玛瑙以至珍禽异兽等需求，也变得贪婪起来。

明成祖朱棣夺取帝位后，准备迁都北京，大兴土木，营造宫室。这也需要大量的海外奇珍充实宫廷。所以，加强同海外各国的联系，扩大同海外各国的贸易往来，用中国的货物去换取海外的奇珍，就成了朱棣派遣使者出使西洋的又一重要推动力。

还有人认为，朱棣派遣郑和下西洋，主要是寻找建文帝朱允炆。《明史·郑和传》中写道：

> 成祖疑惠帝亡海外，欲踪迹之……

不过，这种说法缺乏有力的证据。寻找建文帝的下落，最多也不过是朱棣派遣郑和下西洋的一个附带目的罢了。

第二章　显赫家世

财富取之于海，危险亦来自海上。

——（明）郑和

（一）

云贵高原是一片神奇而瑰丽的山川，勤劳智慧的先人们，在这片广袤而质朴的红色土地上繁衍生息。

滇池是红土高原上的一颗璀璨的明珠，不仅创造了辉煌灿烂的古滇文化，还孕育了伟大的航海家郑和。

滇池南岸的晋宁，历史悠久，人杰地灵。从晋宁中和乡黄牛墩和上蒜乡小平山出土的贝丘遗址可以看到，远在新石器时代，就有各族先民生活在晋宁。

据《史记·西南夷列传》记载，战国时期，楚顷襄王元年（公元前298年），楚国派将领庄蹻进入滇池，以“兵威定属楚”。而正当他准备返国时，不料被秦军攻克了楚属巫黔中之地，切断了归路。无奈之下，庄蹻只好与其属下在滇“变服从俗，以长之”，当了第一代的滇王。

庄蹻为滇西带来了楚国丰富的文化，与当地的民族文化交融汇通，从而形成了璀璨夺目、具有独特韵味的古滇文化。从晋宁上蒜乡石寨山出头的滇王金印，不但印证了《史记·西南夷列传》中记载的汉武帝于元封二年（公元前109年）在滇池地区设置州郡，并封赐滇王王印的史实，同时也从另外一个角度说明古滇国的都邑、古滇文化的发祥地和云南青铜文化的中心都在晋宁。

晋宁丰富的文化底蕴，成为孕育伟人的摇篮，也成为影响一个人成长和品格形成的重要因素。

明洪武四年（1371），在神奇的云南，美丽的滇西河畔，昆阳州（今昆明市晋宁县）宝山乡和代村一个世代信奉伊斯兰教的回族家庭中，郑和出生了。

郑和原名马三保，回族人。他传奇的一生，与他的人生经历有着很大的关系。现在研究发现，他的祖先是一个中亚小国的国王或伊斯兰教的教长。北宋神宗年间，他曾率领5000多人和5000多匹驼马来中国朝贡，并申请归诚，宋神宗封他为宁彝侯。

马三保的六世祖为元代初期杰出的政治家赛典赤·赡思丁·乌马儿。他早年曾任成吉思汗的帐前侍卫，因随从征伐有功，官拜燕京路总管，地位仅次于丞相，驻镇咸阳。从此以后，他们便真正成为云南的贵族大姓。

元世祖忽必烈即位后，赛典赤出任云南省平章政事（相当于现在的省长），在任六年。赛典赤在云南期间，将云南的万户府、千户所、百户所改为路、府、州、县，并将云南省的行政中心从大理迁到昆明。

在此期间，赛典赤还减少百姓赋税，招抚流亡人口，抚恤孤寡老人，兴办学校，倡导儒学，发展生产，修筑了松华坝水库，疏通海口河，开挖金汁河、银汁河，修浚马料河、宝象河、海源河、盘龙江，形成了昆明地区的灌溉系统，主持修筑的松华坝水库更是福泽后世。

赛典赤在云南的六年，功绩显著，以真诚打动了各少数民族百姓，深受人民的爱戴。至元十六年（1279），赛典赤逝世于昆明，葬于五里多，后迁至松华坝。赛典赤死后，又被追封为“咸阳王”。

赛典赤有五个儿子，其中第五个儿子名叫马速忽，曾任云南省平章政事，其子孙世代居于云南，袭封滇阳侯。由于长时间与汉族共处，便改从汉俗，以名字中的第一个字为姓，定姓马氏。所以说，郑和本姓为马。

马三保的祖父为伯颜，被封为淮安王；伯颜的儿子察儿米的纳，被封为滇阳侯；米的纳生米里金，米里金（即马哈只）生马三保，即我们本书的主人公郑和。

（二）

马三保的祖辈都信奉伊斯兰教，并都曾前往遥远的圣地天方朝拜过。伊斯兰教的教规规定，赴麦加朝觐是教徒们必须恪守的“五功”之一，凡健康状况、经济条件允许的教徒，不论男女，一生中至少要去圣城朝觐一次，以加深各国穆斯林间的友谊和相互信赖，增强互助精神，并感受人类的平等。同时，也为他们提供一个锻练肉体、磨炼意志的机会。

朝觐是一种异常艰辛的宗教仪式，不仅要剃光头发，顶着烈日，脚踏灼热的砂土，在百万人流中并肩前行，还要露宿山野，戒除一切娱乐活动，有的人甚至为此饥饿而死，成为殉道者。

能够顺利完成朝觐仪式的人，被授予“哈只”头衔，并备受尊敬。哈只，是阿拉伯语的音译，为巡礼人或朝圣者的意思。享有“哈只”这个光荣而骄傲称号的人，人们便很少再称呼他们的本名。

据清末朝觐者马德新所著的《朝觐途记》一书记载，他在朝觐途中，穿越了“蛮烟瘴气”的西双版纳地区，徒步千里，首先到达曼德勒，换两次船，才抵达加尔各答。

在加尔各答等候四个月后，才有船驶往吉达港。船在海上又颠簸了

40天，这些朝觐者才踏上阿拉伯的土地，然而迎接他们的却是瘟疫与疟疾。一日之内，“殡者约四百”。

他独自在广袤的沙漠中度过了两夜，“不见一人，无食无饮，亦不知途径”。偶尔有冰块出售，每块要价却高达黄金五钱，价格之高，令人咋舌。

在距离天方圣城三里路的地方，有一个名叫岷拉的地方，朝觐者到达这里以后，只能步行或骑驴前往，入夜也只能露宿在荒野之中。那里的朝觐者往往身带“穿布”，即裹尸的白布，预备途中一旦死亡便作为殡葬之用。

马德里是云南人，他朝觐的路线应与郑和的祖父和父亲所走的朝觐路线是一样的。马三保的祖父、父亲比马德里要早几百年，他们在朝觐途中经历的艰辛应该比马德里更加严峻。祖辈们与恶劣环境博斗的勇气和为信仰而献身的精神，在幼年马三保的心灵中深深地扎下了根。

马三保从小就经常在父亲膝下听其讲述朝圣天方途中的种种见闻。父亲跋山涉水的惊险旅程，异国他邦的风土习俗，都给小三保留下了难以忘怀的印象，让他从小就向往异域的风光，萌生一种冒险的精神。

《故马公墓志铭》中记载，“和自幼有才志……”，虽然只有寥寥数语，却高度概括了马三保自幼聪敏机智，具有优良的品格和远大的理想。父亲为他讲述的朝觐路上的艰险经历，西洋各国的山川风貌和民情风俗，一桩桩珍闻轶事都像一块磁石一样，牢牢地吸引着他的心。他也向往自己有一天能够像祖父、父亲一样，去伊斯兰教圣地——天方去朝觐，也能像他们一样，成为受人尊敬的“哈只”。

（三）

马三保的出生地云南虽然地处高原，离海很远，但他祖居的昆明州

宝山乡和代村却是一块灵山秀水的宝地。

月山位于昆明城的中间位置，山形南北走向，形如秋月，故名月山。在月山的周围，有七座形似馒头一样的小团山，将月山拱出，故名“七星朝月”，是昆明的八景之首。清末的山东布政使、昆明田心村名士李文耕，曾用“昆阳”二字作楹联一副：

昆城锦绣天生三山两海，
阳光灿烂日照五门六阁。

仅仅用这20个字，便生动地描绘了昆阳城的绚丽风光。

昆阳城距离滇池很近，在600多年前，这里还是滇池西南岸最大的捕鱼水域，占据滇池四分之一的面积，至今晋宁滇池湖岸线仍长达47公里。

此外，昆阳还是云南内河航运最大的航道，有很多码头和渡口，其中以昆阳码头为最大，每天都有大量来自云南各地的粮食、蔬菜、水果等农副产品，用马帮驮运到昆阳码头，然后用大船运到滇池北岸的云南省城昆明。

据有关史料记载，当时昆阳渡口的客货运量占整个滇池航运的一半以上。马三保就是在这样的环境下度过他的童年的。可以说，滇池和昆阳码头让郑和第一次认识了大海，认识了舰船，他对大海的向往也在这种潜移默化之中渐渐形成。

1382年前后，当马三保还只是个11岁左右的儿童时，云南被元朝的残余势力所占据。明太祖朱元璋为了收复云南，派大将傅友德、蓝玉率领30万大军进攻云南。明军很快就打败了当地元朝的残余势力，将云南一带平反了。

在这一战争浩劫中，云南陷入水深火热之中，百姓流离失所，四散奔逃。作为当地的名门望族，马三保家也遭受浩劫，郑和的父亲马哈只为此一病不起。

不久，马哈只就去世了，年仅39岁。按照穆斯林的礼仪，马三保的长兄马文铭为父亲举行了葬礼。在马哈只的葬礼上，尚不谙世事的马三保被明军掳走了。

掳走马三保的这支明军正是傅友德的部下。傅友德的部队在进入云南后，连战连胜，当时马上就要进攻云南的首府昆明了，傅友德便派出一支精锐骑兵，目的是从南部配合主力部队向昆明发起经，所以一路之上，他们绕过敌军。为了不走漏风声，他们还绕开州县城，在没有人烟的地方行军，以期出其不意地从敌人后方发起进攻，将敌人打个措手不及。在行军路上，他们发现了马三保。由于担心军机泄露，便将年幼的马三保掳走了。

行军路上带着个孩子，总有些不方便，有人便提议将马三保杀了了事，但军中的一名小头目见三保生得眉清目秀，便留了他一条命，回营后将三保交给了傅友德。

原来，此时的朱元璋刚刚赶走元朝皇帝，自己登基作了皇帝，诸事皆处于草创阶段，一时难成规模。不要说三宫六院不齐备，就是宫中供使唤的小太监也很是缺乏。所以，朱元璋曾暗中吩咐出征的将军们，在俘虏中遇到俊美的童子，不要杀了，而是阉割后送到宫中当太监。傅友德此次出征云南，朱元璋自然也吩咐过，傅友德为此也吩咐自己的部下多多留心。

在军营中，年仅11岁的马三保与其他几个被俘虏来的孩子一起遭到了阉割。这成为马三保一生不幸的开始，也是他后来在逆境中成长、成才的起点。

第三章　身遭巨变

南阳失，华夏危。

——（明）郑和

（一）

遭到痛苦阉割的幼年三保，内心的屈辱感渐渐蔓延起来，最终形成了一个打不开的结，压得他透不过气来。这时，他想到了死，觉得只有死才能洗刷自己所受的屈辱，可他忽然想起了刚刚过世不久的父亲马哈只，想起了父亲说过的一句话：

“作为一个穆斯林，不论在任何情况下，都不能自杀。人生的一切苦难都是真主对人的考验，能够经受住种种考验的人，死后就能升入天国；经受不住考验的人，就会降低自己在后世的品级，严重的还会下火狱。自杀就是拒绝接受考验，就是与真主决裂，这是要下火狱的。”

“我不能自杀。”年幼的三保在心中坚定地对自己说。此时，他最想做的事不再是死亡，而是设法逃出去。

这一天，马三保忽然听到外面传来悠扬悦耳的歌声。其他一起被阉割的孩子都不知道这歌声唱的是什么，而三保仔细一听，一下子就明白了。因为那根本不是歌声，而是穆斯林的宣礼声，是在通知人们，做礼拜的时间到了，呼唤附近的穆斯林前去做礼拜。

这是马三保从小就十分熟悉的声音。他知道，那歌声是用阿拉伯语唱的，意思是说：真主是伟大的，万物非主，唯有真主，穆罕默德是真主的使者，快来礼拜吧，快来获取成功吧。

听着听着，马三保仿佛见到了亲人，眼泪滚滚而下。身旁的其他孩子见马三保哭了，都十分不解。

马三保忽然想到，自己被带到军营时曾注意到，这里除了军营，并没有其他居民，那这宣礼声是从哪里来的呢？一定是军队中有人在念宣礼词，可这个人在这里念宣礼词又有何用意呢？

马三保推想，一定是军队中有很多穆斯林，所以这个人才大声宣礼，呼唤那些同伴们去与他一起做礼拜。

想到这里，马三保逃出去的信心顿时大增。他想，无论他遇到哪一位穆斯林，对方都一定会帮助他的。

马三保不知道，此次明军出征云南，主帅共有三人，分别是征南元帅傅友德、征南左副元帅蓝玉与征南右副元帅沐英。沐英是明朝开国皇帝朱元璋的义子，本人就是一位穆斯林，他的部队中也有相当一部分士兵是穆斯林。所以，在没有战事的时候，沐英军中的穆斯林每日五时就会聚集在一起做礼拜，沐英有时也参与其中，甚至是领拜。这在军中已经成为习惯，人人都不以为怪。

马三保被关在傅友德的部队中，这几天云南战事基本已经结束，傅友德便与沐英合兵一处驻扎。沐英军中的穆斯林每日都会聚众礼拜，故而宣礼声在傅友德的部队中也时常能听见。

又过了几天，孩子们的伤口基本已经愈合，可以下地自由活动了。所以，马三保与其他被阉割过的孩子便被带到另外一个帐篷里。可能这里与穆斯林礼拜之处相距较近，马三保感觉那宣礼声听起来更加清晰了。

这天夜里，马三保翻来覆去睡不着，他在想怎样逃向有宣礼声的地方。从声音上来判断，礼拜的地方与马三保被关押的地方不太远，三保相信，他可以一口气跑到那里。

可怎样才能在不被人发现之前跑过去呢？在军营里，到处都是士兵，一个小孩子跑出去显然是十分显眼的。

但无论如何，马三保都决定试一试。他想，每天五时礼拜中，只有晨礼时是最容易逃跑的，因为晨礼是在日出之前举行。三保这几天都注意到，当军中响起宣礼声时，天才刚刚放亮，自己所在的军营中还是静悄悄的，这时正是士兵们睡回笼觉的时候。因此，三保决定选择这时从自己的帐篷中冲出去，一口气跑向宣礼声发出的地方。

好不容易熬到了天放亮，此时傅友德的军中没几个人起床，士兵们都在睡觉。三保抓住机会，在黑暗中摸索着来到帐篷门口。他先悄悄向外张望了一下，虽然外面一片漆黑，但瞪大眼睛看了一会儿，三保基本可以确定，帐篷外面没有巡逻兵，也没人监视他们。

终于，东方透出一缕曙光，天放亮了，帐篷外也渐渐看到了人影，远处也有了人声。三保的心仿佛要从胸中跳出来一般，他知道，宣礼就要开始了。

（二）

“安拉乎艾克白勒……”

远处终于传来了马三保期待已久的声音：真主是最伟大的。三保好像听到了起跑的命令一般，从帐篷中一下子冲了出来，向着宣礼声发出的地方拼命跑去。

“那里是什么人？”

三保刚刚跑出几步，就听见身后有人喝问。但他顾不上那么多了，只顾没命地向前跑。

傅友德是朱元璋手下的名将，身经百战，治兵有方，他的军营中自然不容许有人随便跑来跑去。所以，当士兵看到有人奔跑时，便大声喝问。见前面奔跑的人不仅没有停下来，反而跑得更快了，士兵又大喊道：

“站住！再不站住就放箭了！”

三保听说要放箭，不由怔了一下，但随即想到，若不拼这一次，以后恐怕就再也没有机会逃走了。因此他不但没有站住，反而加快了奔跑的脚步。

“快站住！”

狂奔不止的马三保已经在晨曦中看到，自己的前面是一个操场，可能是部队训练或集合的地方。现在，操场上都是人，他们都面向西方，排成一行行的横队，准备做礼拜。

马三保还看见，操场上有些人头上戴着缠头巾，这是穆斯林特有的服饰。过去，三保经常看到父亲缠上头巾到清真寺中做礼拜，他也不止一次地将父亲的缠头巾拿过来，学着父亲的样子将头巾缠在自己头上。这些让他感到一阵亲切。

忽然，马三保听到有人喊道：

“放箭吧！”

接着，他又听到有人大喊道：

“是个孩子，别伤他性命！”

听到身后的这句话，马三保还没明白是怎么回事，就感到后背一阵剧痛，随后便一个踉跄倒在地上，再也起不来了。

这时，从后面跑过来两个士兵，将三保架了起来。马三保想喊“救命”，可却怎么都发不出声音。

两个士兵将马三保架到一个军官模样的人跟前，其中一个士兵说道：

“看样子是那些小太监中的一个，只是不知他为何要逃走？”

那军官微微点了点头，说道：

“去问问他们是不是少了个孩子。”

一名士兵转身走向帐篷，一会儿又回来了，禀报说：

“启禀大人，问过了，他们那里是少了个孩子，叫马三保。”

那军官看了看马三保，问道：

“你是叫马三保吗？”

此时的马三保正为自己刚才的失败而痛苦，再加上背上的箭伤疼痛难忍，根本没精力理会军官的问话。

那军官见三保不理会他，正准备发作，管理马三保等人的负责人走了出来，并急忙向军官陪笑道：

“将军辛苦了。这个孩子正是马三保。”

“你们也太不小心了！”军官不满地说。

“请各位多多包涵，千万别向上头禀报啊！天亮后，我请大家喝酒，向各位赔罪。”负责人又是作揖，又是陪笑，军官的脸色才渐渐好看些。

随后，那军官一摆手，两名士兵架着马三保将他送回了帐篷，扔到地下后，扬长而去。三保背上的箭伤流血不少，加上近日身体虚弱，又一夜未合眼，再被这么一摔，不由得昏了过去。

（三）

当马三保再次睁开眼睛时，发现自己是单独一人躺在一座小帐篷里，身上的箭伤也被人包扎好了，并且还上了药。在他身边不远处的一把椅子上，坐着一位服饰古怪的老人，正在低头看书。

老人见三保醒了过来，便笑着说：

“孩子，你醒了。你的伤没大碍，不用担心。”

老人的声音十分细腻，与他的年龄很不相符，这让马三保感到十分奇怪：他这么大的年纪，说话声音为何会如此尖细？

老人见三保不断打量自己，又说道：

“孩子，你为什么要逃跑呢？如果不是他们见你是个孩子，手下留情，这一箭恐怕就要了你的小命了！”

听了老人的话，三保不禁悲从中来，哭道：

“不如让他们射死我好了，我不想做什么太监！”

老人微微一笑，说：

“太监有什么不好呢？我就当了一辈子的太监。”

三保一听，吓了一跳，怔怔地望着老人，连哭都顾不上了。

老人又问：

“你叫什么名字？”

“马三保。”

“噢，那么你说说看，为什么不愿意当太监呢？”

“这……”三保一时语塞。他只是觉得，净身是对自己的一种侮辱，而至于为什么不愿意做太监，他却说不上来。

老人又接着说：

“孩子，听我说，你还是进宫去比较好，那里没人会笑话你，而且你的一生也都会衣食无忧。”

马三保后来才知道，这个老太监在元朝的宫中当差多年，后来又投靠了朱元璋。这次来到云南，就是奉命为宫中挑选太监的。以后的几天，老太监就将马三保留在自己身边，让他做一些日常的杂事，服侍自己。老太监还虔信佛教，不吃荤食，这倒是将马三保成全了，从此他也开始吃斋。

几天后，大军出发北归，马三保便与老太监随军而行。在行军途中，马三保每天都会陪老太监说话聊天。老太监年纪大了，经常会回忆往事，这让马三保受益匪浅，增长了不少见识。三保自幼在回族圈子中长大，又僻处天南，见闻非常有限，听老太监一讲，才了解了不少关于汉族和中原的事情。

老太监发现马三保不认识汉字，就在行军途中教他读书识字。三保自幼聪颖，而且军中也实在没有他能做的事，于是就将所有的精力都用在读书识字上，进步很快。

老太监见三保聪明好学，心中高兴，又给他讲解了许多中国的历史典籍及佛家的经典、传说等，这些都是马三保闻所未闻的事。

此时，军中再也听不到宣礼声了，三保开始还感到有些失落，但日子久了，加上每日跟随老太监识字读书，也便渐渐淡忘了。他不知道，此次奉命北上的只是傅友德的军队，沐英的军队继续留守云南。从此，沐家也世守云南，与明朝相始终。沐英部队中的穆斯林士兵也都随着沐英在云南定居下来，所以后世云南的穆斯林也特别多。

傅友德此次率兵北上，是因为蒙古人不断骚扰大明朝的北部边境，朱元璋便命他率部到北方对付蒙古人。为了加强北方地区的边防，朱元璋还将自己的几个儿子封王，其封地就在北部沿边地区。

大军一路北上，终于在到达北平后驻扎下来。北平是朱元璋的第四个儿子——燕王朱棣的封地。傅友德也曾请示过朱元璋，营中的几十个阉割过的小男孩如何处理，是否送入南京城朱元璋的皇宫之中。朱元璋给傅友德的批复是：将这些孩子随军带到北方，分封给燕王朱棣使用。

就这样，马三保成了燕王朱棣宫中服杂役的一名小太监。不幸之中也蕴含着幸运，明王朝虽然迫使马三保离乡背井，但却将货通万国的都城、宽阔无垠的大海以及整个世界送入了他的视线。

第四章　燕王亲随

去中国十万余里，民物咸苦，熙皋同风，刻石于兹，永昭万世。

——（明）郑和

（一）

燕王朱棣是朱元璋的第四个儿子。在朱元璋的所有儿子当中，朱棣是最精明强干的一个。他不仅相貌酷似朱元璋，还文武双全，知人善任，很得朱元璋的器重和喜爱。而为人忠厚朴实、才识卓著的马三保，作为燕王朱棣的侍童和宦官，也在朱棣的关注下快速成长起来。

北平原是元朝的大都，是一座具有浓郁国际色彩的城市。这里杂居着各种民族和海内外的客商，荟萃了世界各地的珍奇商品，极大地开阔了马三保的视野。

与此同时，在燕王府邸多年从事仆役，坎坷不平的人生经历也磨练了马三保坚忍不拔的毅力和拼搏精神。洪武后期，燕王朱棣经常带兵出塞，追歼元朝残余势力，马三保此时已经20多岁，身为内官近侍，自然是鞍前马后，追随护卫燕王朱棣，并多次参与征战，培养了一定的军事才能。

在这种情况之下，马三保也迅速成长为众多近侍中的卓然超群者，成为朱棣的亲信和身边不可或缺的贴身侍从。他还曾受命代表燕王前往祭奠朱棣的乳母冯氏，由此可见朱棣对他的信任和重视。

一转眼，马三保在燕王朱棣的府中就度过了十几个年头，已经由一个羸弱的小男孩长成了一名身材魁梧的大汉。像他的父亲一样，马三保也生着一张颇具威严的国字型脸，同时也像他父亲一样精明、能干且吃苦耐劳。

以前，当马三保还是一名人人都可以使唤的小太监时，大家都称呼他的小名“三保”，他自己也不觉得这有什么不对。可当他渐渐成为掌管府内一切事务的太监之后，这个曾经的小名，不少太监便不敢再叫出口了，而是尊称他为“马公公”。就连燕王朱棣也觉得再叫这个快30岁的大汉的小名不太好，更何况他还是自己的亲信太监，他也希望能给三保一点尊荣。

这天，朱棣在闲谈中就问马三保：

“三保，你没有学名吗？”

马三保见燕王这样问自己，便忽然想起父亲在临终前曾给自己取过学名，因此回答说：

“有。先父在临终前曾给我取过学名，是单名一个‘和’字，取‘家和万事兴’的意思。”

朱棣听完，笑着说：

“这个名字不错啊！以前怎么没听你说过呢？我看现在就叫这个名字吧，你现在年纪已经大了，再叫你三保，听起来总也不雅观。”

从此，马和便成为燕王府中尽人皆知的一位著名太监，大家也都知道，他是燕王朱棣的亲信。

马三保在被改称为马和后不久，就提拔了一位当年与自己一起被阉割的伙伴保儿，并提请朱棣下令，改叫保儿的学名李谦。朱棣的这种礼遇，也让马和与李谦成为燕王府中炙手可热的人物。后来朱棣登基后，李谦也成为永乐一朝著名的太监。

在这十几年中，燕王朱棣在北方的实力也在稳步增长。一方面，朱棣深得其父朱元璋的信任；另一方面，明朝与蒙古人的战事始终不断，朱元璋也不得不给北方诸王很大的权力。这种情形一直到朱元璋去世时，明朝的大臣们才发现一个大难题摆在了他们的面前。

（二）

洪武三十一年（1398），明太祖朱元璋病死。按照旧制，皇位应该由嫡长子继承，但由于太子朱标早已在洪武二十五年（1392）去世，所以朱元璋就将皇位传给了朱标的长子、自己的嫡长孙朱允炆继承，是为明惠帝，年号建文，又称建文帝。

朱允炆继位后，为了巩固中央集权，便采纳了兵部尚书齐泰、太常寺卿黄子澄等人的“削藩”建议，开始以种种借口取消诸王的王位，大范围地削除各地藩王的势力，同时还调集兵马，分驻在开平、山海关等地，以控制北平，并将燕王朱棣软禁在燕王府中，迫使朱棣交出王位。

燕王朱棣眼见自己爵位难保，便采取了先发制人的手段，于建文元年（1399）八月起兵发难。这就是历史上著名的“靖难之役”。

对于大明朝发生的这一场争斗，马和看得十分清楚，这只不过是朱家内部争夺皇位的一场内讧而已，但他还是希望燕王朱棣能获胜。因为朱棣一旦果获胜，他就能登上皇位，自己的权力与地位也会随之提升；如果朱棣被打败，那他的行为就是谋反，是要灭九族的，马和作为燕王的亲信太监，自然也难逃杀头的厄运。

因此，马和虽然内心并不过分追求权力与地位，可他也不希望自己被处死。

燕王朱棣表面上虽然十分从容，似乎一切都是顺理成章的，他是在进行着正义的斗争，但其实他内心深处也很矛盾，因为他知道自己发难的真正动机是什么。

有一次，朱棣若有所思地问马和道：

“马和，你觉得我与朱允炆之间究竟谁是谁非呢？”

马和忙跪倒在地，所答非所问地回答说：

“奴才希望王爷可以获胜。”

“为什么？”

“因为王爷可以成为一位好皇帝，可以造福天下苍生。”

朱棣一听，大声斥责道：

“马和，不要乱说！”

虽然这么说，但朱棣心里很清楚，马和的意思是说：只要可以作一位好皇帝，造福天下百姓，就能得到天下百姓的拥护。至于这皇位是怎样得来的，就不必太在意了。

此时朱棣还没有称帝，他表面上虽然斥责马和胡说，但心里却下定了夺取帝位的决心。获得帝位后，如果能作一位好皇帝，造福天下百姓，谁还会在意这皇位是如何得来的呢？

朱棣心中不由对马和多了几分赞赏：马和虽然只是一名太监，但却知书达理，见识也非同一般。只可惜他是一名太监，不能太重用，以免召人闲话。

原来，朱元璋称帝后，曾定下这样一条规定：不许太监干政。朱棣对此虽然不以为然，但这毕竟是他父亲定下的规矩，他也不便公然违背，以免招致他人反对，对自己的境况更加不利。

这年秋天，战事忽然变得对朱棣极为不利。建文帝朱允炆派遣曹国公李景隆率兵50余万北上平叛，江阴侯吴高又从辽东发兵进关，朱棣的部队腹背受敌。

在这种情况下，朱棣冷静地分析了自己所面临的局势，最后认为：李景隆色厉内荏，不会大胆地向自己发动进攻。这时，自己不如先出兵击溃吴高的人马。如果李景隆知道自己不在北平，一定会率军猛扑过来，这时自己打败吴高后再乘胜回师，定然能打败李景隆。

考虑周全后，朱棣便首先出兵攻打吴高，并很快将吴高所部打败，率军攻入大宁，将朵颜三卫的精锐骑兵收编到自己的部队之中。这一仗的胜利，不仅挫败了从北面进攻朱棣的一路人马，还给朱棣的部队中注入了大批的精兵。

然而在此期间，李景隆的部队也包围了北平。马和一直跟随在朱棣身边，当获悉北平被围后，深为忧虑。他对朱棣说：

“王爷，北平一旦失守，我们可就无家可归了！”

朱棣冷静地说：

“不冒此险，我们就没有获胜的希望。幸好吴高的部队已经溃散，不足为惧了，我们马上就回师北平去解围。”

这年的十一月，在瑟瑟的寒风中，马和跟随朱棣的部队赶回北平城东。朱棣带着马和、李谦及几个亲信太监登高观察敌营，只见李景隆在北平城外结成了九座连环大营，首尾相应，困住北平。如果不能攻破这九座大营，就解不了北平之困。

可是，连日来李景隆的人马已经将这九座大营修得十分坚固，而且他的人马也多于朱棣，要攻破这九座大营谈何容易啊！

（三）

燕王朱棣带着马和、李谦等人一起观察了敌营，随后，朱棣问道：

“李景隆扎营的地方叫什么名字？”

站在他身后的马和回答说：

“启禀王爷，那个地方叫郑村坝。”

朱棣点了点头，又问道：

“马和，你说我们现在该怎么办？”

马和昂了昂头，大声说道：

“王爷，奴才也没什么妙计，只是想冲上去，与他们拼个你死我活！”

朱棣哈哈大笑了几声，说道：

“今日之势，的确没什么妙计，也只能像你说的那样，拼个你死我活了。传令下去，擂鼓进攻！”

随后，几十面大鼓同时响起，朱棣的人马听到鼓声后，如同潮水般涌了上去，喊杀声震天。可是很快，这些人马又像退了潮的海浪一样，纷纷后退而去。李景隆的九座大营就像是九座石山一样，屹立不动。双方的力量悬殊可见一斑。

朱棣虽然对这种强攻也没有太大的把握，但如果不尽快攻下李景隆的九座大营，解除北平之围，一旦失败，可就再也没有获胜的机会了。因此，朱棣又大声喝道：

“传我命令，进攻者赏，后退者就地问斩！”

这样，朱棣的人马再一次涌了上去，可很快又再次退了下来。

马和站在朱棣的身后，对战场的局势看得清清楚楚。他的心中也十分焦急，因为这种冲锋的力量会一次次减弱，三五次攻不下敌寨，士气就会消失殆尽。如果敌人此时趁机反攻，朱棣的军队就会大败而溃。

朱棣皱了皱眉头，又大声吩咐：

“命令朵颜三卫的骑兵冲锋！”

马和知道，这是朱棣最后的本钱了。如果朵颜三卫的骑兵也冲不开敌人的大营，下一步该何去何从？马和心里也没数。

就在这时，敌军的营寨中号炮连响，敌人大开寨门，追杀出来。朱棣的骑兵一见这一阵势，比前几次逃得更快了。

朱棣一看，觉得自己大势已去，根本无力回天，遂拔出佩剑，就要自杀。身后的李谦眼见情势危急，急忙扑上去，来不及抓朱棣握着宝剑的手，就用自己的身体挡住了朱棣砍向自己的宝剑。

朱棣已萌死志，这一剑下手很用力，李谦的身上被砍出一条又长又深的剑伤，鲜血直流。朱棣不由为之一怔。

就在这一瞬间，站在朱棣身后的几名亲信全都死命上前抱住朱棣，夺下他手中的宝剑。两名将军“扑通”一声跪倒在朱棣面前，喊道：

“王爷，留着青山在，不怕没柴烧。王爷万不可轻生啊！让亲兵们护送王爷，杀出去并不难。”

受伤的李谦也忙劝道：

“是啊，王爷，只要还有命在，就还有一线成功的希望。”

朱棣双目炯炯地看着李谦，说：

“大丈夫生就要生得轰轰烈烈，死也要死得慷慨悲壮，我不愿意过那种苟且偷生的日子！”

马和听了朱棣这句话，忽然一股豪气填胸。他走到朱棣跟前，大声说道：

“王爷，不如命亲兵们随我一起去冲一阵，如果能反败为胜最好；如果不能，我们宁愿全部献身，以报答王爷的知遇之恩！”

朱棣一听，如同溺水的人捞到一根救命稻草一样，也不管结果是成功还是失败。他拾起佩剑，双手递给马和，说：

“就依你，这把剑你拿去，有敢不服从你命令的，就地正法！”

马和接过朱棣的佩剑，飞身上马，向着早已列队而待的朱棣的亲兵们大声喊道：

“随我一起杀敌！”

说完，马和一抖马缰绳，飞一般向敌阵冲去……

据传说，郑和船队中的一些中国水手来到马六甲后，与当地的马来族姑娘结婚，他们的后代男的叫“巴巴”，女的叫“娘惹”。由于深受中国传统文化和马来文化的共同影响，这里便形成了独特的“巴巴”文化，成为马来西亚文化的重要组成部分。马来西亚国家博物馆中还展示有“巴巴”和“娘惹”的资料图片，描述了当年随郑和船队到达马六甲并在此定居的华人与马来人在生活上相互融合的情况。

第五章　改名郑和

其西域之西，迤北之国，固远矣，而程途可计。

——（明）郑和

（一）

马和一马当先向敌人的阵营冲去，他有意避开敌人密集的地方，从敌军的空隙中向敌阵后方冲去。他的身后，跟随的是朱棣精心培养的亲军。

朱棣自从受封为燕王以来，一直都坐镇北方，多次与蒙古人的骑兵作战。由于经常出入沙场，他精心挑选了一批精锐骑兵作为自己的亲军，为的就是在危急时刻能凭借这支队伍转危为安。这支队伍中的每个人都是百里挑一的勇士，又是刚刚投入战斗，人数虽少，却仗着一股锐气，在敌阵中很快杀出了一条血路。

马和虽然是朱棣的亲信宠臣，但他的身份毕竟只是一名太监，不是将军，所以也没有自己的战旗。这支亲军平时的任务也只是保护朱棣，从未参加过大军的作战，故而也没有战旗。敌军正在乘胜追击之时，忽然发现从侧面杀出一支没有战旗的人马，谁也不知道他们的来头，也不知道这支队伍的指挥官是谁，这让李景隆与他手下的将军们一下子有些不知所措，也不知该如何对付。

就在这时，马和已经率领人马冲到敌军的大营前，并救出了被困在敌营中的另一支朱棣的人马。如此一来，他们的队伍人数大增，声势更大，立即将敌阵冲乱。

马和见状，心中一喜，径直率领人马冲入了敌人的大寨之中。这是一招险棋，如果敌军守寨的部队实力与马和率领人马的实力相当，他一时冲不进敌人的大寨，前线的敌人就会从他背后包抄过来，他的人马也会面临灭顶之灾。

可是，敌军本来以为自己已经稳操胜券，所以守寨的人马很少，也没有任何防备，他们将主要精力都用在追杀朱棣的逃兵上了。马和率领这支队伍在此时冲入他们的大寨，是敌军始料未及的。

李景隆至此才发现事情不对，急忙调前方的部队回援大寨，但已经来不及了，马和的队伍已经冲入了一个大寨，随后赶来的朱棣的其他队伍也陆续冲了进去。

朱棣远远地看着马和冲营，开始还为他担心，现在见马和已经率队冲入敌寨，心中大喜，忙命令道：

“快快喊外面的人马冲破敌人的大寨，我们打胜了！”

一时间，朱棣的队伍中欢呼声大起，正在逃跑的朱棣的士兵们听说自己的队伍打胜了，无不回身重新投入战斗。而此刻的敌人却不知消息真假，一时更加混乱。前方的精锐部队奉李景隆之命回援大寨，敌军在前线的实力顿时大减，一时也抵挡不住朱棣部队的反扑。战场的局势变得混乱起来。

马和率领人马冲入敌人的一座大寨后，发现寨中并没有多少敌兵守卫，几乎就是一座空寨，不由心中大喜。就在这时，敌军已经从寨外如潮水般涌来，李景隆调回增援的人马到了。马和知道，凭借自己的这点人马，是根本抵御不了敌军的。

（二）

马和望了望敌军连绵不断的营寨，忽然灵机一动，心想：敌人共有九座大寨，自己冲入的这个营寨守军不多，那说明其他各寨的守军也不会太多。如果能出其不意地冲入其他几座大寨，不是就可以各个击破了吗？

想到这里，马和率领人马从敌军的大寨中横穿而过，避开了前来增援的敌军，冲向另一座大寨。

事实果然如马和所料的那样，敌军的其他几座大寨中的守军也很少，根本抵御不了马和这支队伍的冲击。从前方调回的部队行动再迅速，也无法赶在马和他们前头。

眼看马和的队伍又攻下了一座大寨，回援的敌军虽然兵不血刃地夺回了一座大寨，可却不能阻止马和的人马继续攻下其他大寨。李景隆命令主力部队集中精力追击马和，留下足够的兵力守卫刚刚夺回的大寨。可当他们冲入第二座大寨时，等待他们的又是一座空寨，马和的队伍已经冲入了第三座大寨。

马和率领部队在敌人的大寨中与敌人主力捉迷藏，而外面的战场上，李景隆的部队却因主力部队的撤离，渐渐被朱棣的人马打败了。

朱棣远远地观察着战局，见自己的部队已经占据了上风，不由大喜。他回头对身后的中军官说道：

“传我的命令，不论是谁，先冲入敌人大寨的，赏银五百两，官升指挥使。”

很快，朱棣的这道命令就在士兵中间传开了，部队的士气也顿时大振，士兵个个都奋勇争先，转眼就将敌军逼回到大寨中去了。随后，朱棣的各个部队一齐向敌寨发起进攻，敌寨很快就在朱棣部队的围攻下被击破了。

而此时，马和已经穿过了敌人的七座大寨。他发现敌人不再前来追击他的部队了，便猜想定时外面的部队攻上来了，因此大喊道：

“士兵们，杀回去，我们的队伍上来了！”

马和的部队从敌人背部冲出，与正面进攻的部队相互配合，很快就攻下了敌军的七座大寨。至此，北平之围被解。

马和率领部队在敌人的七座大寨中周游了一圈，虽然没打什么硬仗，可也是人困马乏。当朱棣的主力部队冲入敌人的大寨后，马和才带着朱棣的亲兵撤退下来，回到战场上继续保护朱棣。

当马和拖着疲惫不堪的身体回到朱棣身边时，朱棣的眼里闪着泪花。他上前一把抱住马和，喃喃地说：

“打赢了！我们打赢了！”

李景隆的大军缓缓向南撤去，朱棣也不追击，而是整理队伍，与北平城内的队伍合兵一处。因为朱棣知道，此次李景隆虽然失败了，但对李景隆或说对建文帝来说，这都不是什么大事，因为他们的部队损失并不大。但对朱棣来说，这却是决定他生死存亡的一战。如果此战败了，他只有死路一条。但正是这一仗的胜利，将他从死亡线上拉了回来，并让他真正步入了他光辉一生的起点。

（三）

在这次战役中，马和跟随朱棣立下了不小的功劳，同时也在战斗中锻炼了自己的军事才能。

此后，朱棣与建文帝的部队又进行了多次交锋，但那种危险的局面再也没有出现过。而朱棣越战越强，建文帝的部队却节节败退，并先后失去了河北、山东、安徽等地。

为了反败为胜，建文帝又派齐泰与黄子澄出京城，到南方各地号召勤王，可响应的人却是寥寥无几。终于，燕王朱棣的人马进逼到了当时大明的都城南京。马和则一路跟随朱棣的部队南下，并且不止一次地冲锋陷阵，为朱棣夺取帝位立下了汗马功劳，同时也为朱棣的最终胜利奠定了基础。

建文四年，即1402年，燕王朱棣的部队开入了南京城，建文帝不知所终。六月十七日，朱棣在南京正式登上皇帝的宝座，年号永乐，并以次年为永乐元年（1403），从此开始了他22年的封建统治。

在登基后对功臣的加封中，朱棣没有忘记那个在郑村坝战役中将他从死神身边拉回来的马和。他论功行赏，将马和升为太监。

由于朱元璋年轻时曾做过和尚，当时信奉佛教的人十分普遍。而马和由于政治上的原因，也笃信佛教，因此，他既是伊斯兰教徒，又是佛教徒。“三宝”是佛教里的尊称，此后，大家便都尊称马和为“三宝太监”。

1404年正月初一，已经登基成为大明朝皇帝，史称明成祖的朱棣特地举行了一个隆重的“赐姓”仪式。他御笔亲书了一个大大的“郑”字，赐给前来向他拜年贺正的马和。

朱棣问马和道：

“你还记得郑村坝之战吗？”

“记得。”

“这个‘郑’字赐你为姓，就是为了纪念你在郑村坝所立下的大功。从今天开始，你就叫郑和吧。从大明朝建立到今天，赐姓的事情虽然很多，但从来没有赐姓‘郑’的，这也是朕唯独给你的一份赏赐。”

自此，马和便改名为郑和，同时又被擢升为内官监太监，相当于正四品的官职，在明宫十二监中位居第二。

在中国古代，赐姓是一种至高无上的荣耀，宦官被赐姓者更少。而这种赐姓复加提升的做法也更显得非同寻常，足以说明此时的郑和已成为明成祖朱棣十分倚重的心腹和得力的助手了。

第六章　出使日本

使其自行剿寇，治以本国之法。

——（明）郑和

（一）

元朝初年，忽必烈曾雄心勃勃地三征日本，想征服这个东亚最后一个不服从自己的国家。然而让他没想到的是，战无不胜的蒙古军在三次东征中都失败了。而最后一次败得最为悲惨，远征军毁于一阵龙卷风中，竟然无一人生还。

由此，忽必烈认为，他不能灭亡日本，这是天意，从此也彻底打消了灭亡日本的念头。可是，中国与日本的友好关系也从此中断了。

从元朝末年开始，日本的海盗便不断向中国沿海地区进行劫掠。开始时，他们主要是在朝鲜半岛沿海一带活动，后来则来到中国的东南沿海。不过，行将灭亡的元朝根本顾不上解决这个问题，于是，继元王朝统治中国的朱元璋便不得不将这个难题接过来。

在称帝的第二年，朱元璋就派使臣出使日本，要求日本政府对海岛严加防范。可朱元璋的国书下到日本九州怀良亲王那里，怀良亲王对元朝的侵略还心有余悸，且又不了解新建立的明朝是怎么回事，遂拒绝接待明朝来使。

怀良亲王的这一态度传出来之后，沿海倭寇的活动更加猖獗了。第二年，也就是洪武三年，朱元璋又派莱州府同知赵秩等人再次出使日本，指责日本海盗的侵略行径，要求日本官方严禁海盗，以保持中日双方的友好关系。

为了表示自己的诚意，朱元璋还命赵秩一行送去了背明朝擒获的日本海盗、僧侣共15人。这一次，怀良亲王接见了明朝的使臣，并派僧祖来出使明朝，还送回了明州、台州两处被海盗掠去的中国人70余人。僧祖来于洪武四年十月到达南京，向朱元璋上表并献上马匹及各地特产等。从此，明朝与日本恢复了友好往来。

可是好景不长，洪武十三年，朱元璋以谋反的罪名杀了丞相胡惟庸，而且又陆续以同谋的罪名杀了一公、十四侯、三将军，且都是诛灭九族，共计杀了三万余人。

到洪武十九年，这一案件又有了新进展，称胡惟庸谋反时曾勾结日本为外援。为此，朱元璋断绝了对日本的贸易，并严海禁，著祖训，列日本于十五不征之国。自此，中日之间的关系再次紧张起来。

建文三年，日本足利义满完成了南北统一，结束了日本历史上的南北朝时期，决定恢复与中国的邦交。为此，足利义满派遣肥富与祖阿为正副使臣来到中国。

建文四年，日本使臣回国后，建文帝又派禅僧道彝天伦与教僧一庵一如同行，希望可以加强两国的友好关系。

朱棣即位之后，也曾遣使日本，告谕自己即位始末。之后，天伦、一如二僧回国后，日本又以坚中圭密为正使、梵云、明空两位僧人为副使，徐元为通事送行，表示愿意与大明朝建立友好关系。

朱棣对日本使臣的到来十分欢迎，对他们携带的违禁物品也不加以追究，还给足利义满以丰厚的赏赐。

可是，倭寇的问题仍然未能得到圆满的解决。在这种情况下，郑和奉永乐帝朱棣的命令，准备出使日本。

（二）

永乐二年（1404）四月，倭寇连舰十一艘进攻穿山，明朝的百户马兴战死。明成祖见状，遂决定派遣郑和出使日本。于是，郑和率领数万海军第一次出海远行。

这是郑和有生以来第一次出海。大船飞快地向前行驶着，他站在甲板上，以十分好奇的心情时而向天海相接的远方眺望，时而在宽阔的甲板上缓缓踱步。

这一天，正在甲板上值班的孙正宜千户见郑和缓步而来，急忙上前施礼。水军官兵们虽然都是第一次作郑和的下属，可在他们心中，郑和不只是皇帝的亲信，一名太监，还是一位十分威严勇猛的将军。尽管连日来与郑和相处，不少人都发现郑和是个平易近人、性情温和的人，但他们对郑和仍然望而生畏。

郑和走过来与孙正宜聊了些有关海上的事情，忽然，郑和指了指远处，问道：

“那边是不是有小船过来了？”

孙正宜是个有着丰富海上经验的人，他仔细一看，便回答道：

“的确是一只小船，像是我们派出去送信的人回来了。”

就在这时，在桅杆上瞭望的人也打下旗语。孙正宜看了看，说：

“上面说，的确是我们派出去的人回来了。”

不久，小船就来到郑和所在的大船下面。大船上的水手放下绳梯，将小船上的人接到大船上。上来的人见郑和站在甲板上，忙上前施礼。

郑和认识这个人，他正是自己前天差去先行向日本方面送信的人，

就问：

“事情办得怎么样？”

“回大人，我们到了码头，已经将大人的书信转呈上去。他们派通事给我们答复说，是不是能去见足利义满将军他们做不了主，需要向幕府请示之后才能给我们准确的回话。不过，可以允许我们的船队入海停泊，只是我们的人不能随便下船。”

郑和点了点头，又问：

“从这里到他们的港口还有多远？”

“不过半日水程了。”

顺风顺水，船航行得很快。不一会儿，郑和在船上就能清楚地看到前面陆地上的山川和树木了。

这天傍晚，大队的船只开进了日本港口。城中的日本百姓从未见过这么多这么大的海船，都十分好奇，纷纷出城，站在岸上观看。

管理港口的日本官员也没想到郑和会带这么多的船只和部队过来，心中不由暗暗吃惊：是不是大明朝此次以派遣使者为名，要袭击我国啊！想到这里，他们开始后悔当初不应该轻易答应郑和的船队进入港内停泊。但事已至此，他们也只好一面派人前去向足利义满报告，一面上船来见郑和，打探其来意。

郑和见两位当地的官员前来拜访，便已猜到了他们的来意，所以在言谈之中，他一再强调自己此次前来是奉大明皇帝的圣旨来与日本国修好的。因得知沿途日本海盗猖獗，才不得不多带些人马，以免大明皇帝送给日本天皇、将军的礼物被海盗劫去，经济损失是小，两国的国格因此受损，就得不偿失了。

在两位官员临走前，郑和又送他们每人一套蓝花细瓷酒具。两位日本官员见那蓝花小酒杯不仅样式精巧，花色雅致，而且薄如布片，杯子外面的蓝色花纹映着日光在杯中竟也能清楚地看到，知道这是难得的精品。

当时，日本的制造业并不发达，日本人对中国的瓷器极为喜爱。可是，由于双方长期未能进行正常的贸易往来，中国的瓷器在日本极为难得。不要说如此细腻的瓷器了，就是普通的瓷器，在日本都可以卖上一个好价钱。对于这一点，两位日本官员自然是清楚的。

所以，当郑和送他们下船时，对他们提出，希望他们可以向足利义满将军美言几句，以便将军可以接见并允许两国通好时，两位日本官员都是满口应承。

（三）

第二天一大早，郑和就带着几名亲信随从上岸，到官府中回拜。日本各官员见郑和轻装简从，连护兵也没带，更是疑心尽去，在官府中举行了盛大的宴会招待郑和。

席间，郑和提出，是否可以在等待将军接见的时间里，允许他的一部分士兵上岸，与当地的日本居民进行贸易。昨天，两位日本官员已经得到了郑和馈赠的珠宝，知道郑和此次前来携带了不少好东西，因此大家都点头同意了郑和的建议。

次日，当地日本官员亲自出面，将海岸边的一处空地开辟出来，作为临时交易的市场，并派出1000名全副武装的士兵把守，名义是维持秩序，实际是对郑和的人进行监视。

郑和也不理会这些，他派出500名士兵携带物品上岸，与当地的日本居民进行交易。而且，郑和还有意炫耀，出示的商品不仅品种多、质地优良，数量也多。当地官商云集，都对郑和带来的商品大为赞赏。不过，虽然他们倾囊而出地购买，可郑和的货物却还是源源不断地从船上搬运下来。

如此进行了三天贸易活动，消息越传越广，竟然有许多外地的商人赶来交易。当地的日本官员见事情的发展超乎了他们的预料，恐怕隐瞒不住，只好向足利义满报告此事。

当郑和船队到来的消息传到日本朝中时，大臣们都吓得不轻，以为郑和像以前的元朝入侵者一样，是偷袭入侵来了。所以，他们一面紧急组织部队，一面飞报足利义满。

足利义满得到消息后也大吃一惊，可随后又有消息传来，说郑和所带的部队虽多，却毫无进犯之意，而是为两国通好而来，足利义满这才放下心来。

但是，朝中大臣还是议论纷纷，不少人都认为郑和此行旨在入侵日本，通商的话根本就是个幌子，不可信。在这种情况下，足利义满派人给郑和送了一封信，称自己已经避位为僧，所以请郑和不要带部队，单独去他所在的金阁寺与之相见。

郑和对足利义满并不十分了解。足利义满10岁时继任幕府将军；34岁时结束了日本的南北朝时代，统一了日本；36岁时让位给自己9岁的儿子足利义持，自任太政大臣，操纵朝政。郑和来的这年，足利义满46岁，已经避位为僧，法名源道义，居住在金阁寺，不大过问朝中的政务了。

郑和收到足利义满的信后，马上同意去金阁寺与之相见。郑和手下的官员一致反对，认为郑和此行太过凶险，不能答应。

郑和却不以为然，他说：

“我单身前往，正可以让对方尽去疑惑，坦诚相见，这样才能完成我此番来日本的使命。”

也有人认为，郑和此次出使的任务是与日本修好，解决倭寇问题，这些事应该与日本政府去谈才行。足利义满既然已经避位为僧，就根本没有必要再去见他了。

对此，郑和认为，像足利义满这样的权臣，即便已经出家为僧，也不会完全放弃手中的权力。如果他不能左右朝政，就不会要求郑和去见他了。

（四）

打定主意后，郑和仅仅带了10名亲兵和两名随身服侍的小太监，来到金阁寺。为表示自己的诚意，郑和特地请当地的日本官员派出几十名挑夫，负责搬运明朝皇帝送给日本天皇和足利义满将军的礼物，而没用自己的士兵。当郑和来到金阁寺山门前时，他又命亲兵在门外等候，只带了两名小太监进去。

足利义满对郑和的举动十分赞赏，将郑和迎进寺内后，双方分宾主落座。寒暄过后，郑和转入正题，说道：

“我看贵国的臣民十分喜欢我国的货物，而贵国的货物在我国也十分畅销，正是由于这个原因，我国皇帝才命在下前来与贵国修好，希望两国可以和平往来，进行正常的贸易活动。”

足利义满听完郑和的话，轻描淡写地说道：

“与贵国贸易是我们一向的愿望，只是贵国严海禁，不与我国往来，这也让我们无可奈何啊。”

郑和微微点头，说道：

“是啊，不过先皇严海禁也有不得已的苦衷。因为沿海地区的海盗实在猖獗，就连我国沿海的官员都有不少损伤。虽然我们也曾遣使贵国，以求解决问题，但一直都不了了之。海盗不仅劫掠沿海地区，有时还冒充贵国使臣闯入内地。为了不致于因海盗而影响两国邦交，先皇才实行了海禁政策。”

听完郑和的话，足利义满不由暗暗佩服郑和的口才和机智，因此说道：

“过去的事就只能让它过去了，还是谈谈贵使对未来的设想吧。”

郑和接着说道：

“正因为我国皇帝不想让过去的不愉快再次出现，才派在下前来与贵国修好。”

足利义满说：

“我也想知道我们之间以后的贸易该以什么方式进行。”

郑和继续说道：

“贸易是势在必行，但现在海盗猖獗，且以贵国人氏居多。如果不能想出解决的方法，来往商船就不能平安抵达，贸易之事也实在不易进行。我此次前来贵国，我国皇帝吩咐我与贵国商讨对策，请贵国讨平贵国的海盗，这里是国书。”

说完，郑和取出国书递上，等足利义满听完国书的译文，他才又接着说：

“如果贵国无力讨平贵国的海盗，下官只能回国禀明皇帝，不得不仍旧实行海禁政策，我们不能让海盗从中渔利。”

足利义满听完翻译后，哈哈一笑，说道：

“贵使也不必使用激将法，区区海盗，对我国来说还算不上什么难以解决的问题。看来，只要我们消灭了海盗，贵国就可以与我国进行正常的贸易活动了？”

郑和肯定地回答说：

“正是。”

足利义满问道：

“那么具体的方法呢？”

郑和胸有成竹地说：

“方法是这样的：由我国负责制造‘日’字号勘合、‘本’字号勘合各100道，‘日’字号底簿两扇，‘本’字号底簿两扇，由我国保存‘日’字号勘合、‘本’字号底簿与一扇‘日’字号底簿，由贵国保存100道‘本’字号勘合与一扇‘日’字号底簿。贵国的贸易船只只需持‘本’字号勘合到我国，如果能与我国保存的底簿相合，则证明是官方船只，即可进行正常贸易，否则就依走私处理。贸易结束后，勘合我国收回。每当我国新皇帝登基时，收回未用完的勘合，另造新勘合交给贵国。”

足利义满听完后，笑道：

“办法倒是十分严密，只是有一点不妥，这似乎将我国当成了你们的属国了吧？”

郑和不紧不慢地说道：

“是不是当成属国，不是从贸易方法上来决定的。凡是与我国进行贸易的国家，我们都一视同仁，都是用的这种贸易方法。”

顿了顿，郑和又说道：

“既然说到这个问题，还有一件事，我国皇帝此次在给贵国的礼物中，有一件是‘日本国王’的金印，还有相应的冠服，希望贵国接受。”

足利义满皱起了眉头，郑和虽然回避了日本是否为大明朝的属国的问题，但却说明朝赐给日本国王金印的事情，这显然还是将日本当成属国来看待的。这是足利义满之前未曾想到的事，因此他淡淡地说：

“如果元朝三次东征都没有实现的事，我就这么答应下来，日本国民会如何说呢？”

郑和笑着说：

“为什么要让日本国民知道呢？收不收下金印是一回事，使用不使用是另外一回事。更何况，收下金印对您这样一位出家人来说，也是件无所谓的事情。”

足利义满听后，哈哈大笑。他明白郑和的意思，在无人知晓的地方损失一点点名誉，换来的却是大大的实惠，这对他来说是完全可以接受的。况且，他在日本虽然大权独揽，但其身份毕竟是臣而不是君，在他之上还有名义上的国家元首天皇，接受日本国王的金印对他来说也不是什么丢人的事。

因此，足利义满干脆地应允道：

“好，我答应你，尽快肃清海盗。”

郑和满意地点点头，说道：

“那么勘合贸易的事就包在我身上好了。”

第二年，也就是明永乐三年（1405）十一月，足利义满派兵扫平了各地的海盗，并遣使向明朝献俘。此后，又在永乐四年、五年两次向明王朝献俘。曾令明朝开国皇帝朱元璋十分头痛的倭寇问题终于得到圆满解决。

而明朝与日本的和平贸易自此也维持了很多年，在明朝统治期间，一共发行过永乐、宣德、景泰、成化、弘治、正德六种勘合。

可能因为郑和是以私人身份到金阁寺去面见身为僧人的足利义满的，此次重要的外事活动在官方的文献中并没有留下任何记载，仅在明代人郑舜功的《日本一鉴》、胡宗宪的《筹海图编》等书中，有着简略的记载。

在第四次下西洋之前，虽然使团的人员近两万，但却唯独缺少一位精通阿拉伯语和锡兰语的翻译。于是，郑和千里迢迢，专程来到久已闻名的长安城清真寺求贤选才。经过认真考核、仔细挑选，他选中了寺院的掌教哈桑，并任命他为西洋使团的总翻译。哈桑聪慧稳重，不负众望，在出使途中，不仅为郑和出谋划策，排忧解难，而且顺利完成使命。回到京城后，郑和为哈桑报功请赏，哈桑均婉言谢绝，只要求圣上能恩泽清真寺，拨款修葺。郑和领旨重返长安，亲自设计绘图，召募巧匠，选择良材，使清寺大寺面貌一新。清真大寺，历经数朝，1200多年来，寄托着穆斯林民族的希望和心愿，至今它依然是西安数万穆斯林虔诚礼拜、联络感情、文化交流、庆祝节日的圣殿。

第七章 首次出航

我国船队战无不胜，可用之扩大经商，制服异域，使其不敢觊觎南洋也。

——（明）郑和

（一）

当郑和从日本归来时，苏浙等地的船厂正在奉永乐皇帝朱棣的圣旨，赶造着一批巨型海船。这些海船“体势巍然，巨无与敌，篷、帆、锚、舵，非二三百人莫能举动”。其中，最大的船长达四十四丈四尺、宽十八丈（约合138米长、56米宽），分上下四层，简直就是一个小型的宫殿。而即使最小的船只，也有十三丈长（约合43.3米）。

这些船只分工明确，有指挥中心乘坐的最大的宝船，有防御和战斗用的战船，有补给供给的粮船，还有一种在船只之间快速综合补给和通信用的马船，可谓各具用途。

一支如此庞大的特混舰队，如果在航行过程中没有一定的队形，是很难保持秩序便于指挥的。郑和出海的舰队拥有当时最先进的队形，指挥宝船位于中心，战船位于外围，粮船等则位于周围。这种队形与现代舰队的大型编队的航行序列卫幕队形十分相似，既便于指挥和统一前进，又有良好的自卫能力。外国学者将其称为“混合舰队”，当代美国学者路易斯·里瓦塞斯则将其比喻为“船的城市”。

郑和从日本回来后，向朱棣认真汇报了此次出使的情况，朱棣十分满意，并马上下旨制造勘合给日本。同时，他又命郑和做好出使西洋的准备。

在郑和以前，明代已经有不少人出使过西洋了，但规模都比较小。此次出使西洋，朱棣之前也认真地考虑了统领的人选，并第一个想到了郑和。他认为，郑和在自己身边多年，立过很多战功，最能靠得住。而且，他信仰伊斯兰教和佛教，能与南洋及西洋人沟通；他杰出的军事才能，也完全可以应付得了航海途中的军事意外。

再从外表上看，郑和虽然身为太监，但身材魁梧，仪表堂堂，一见便令人肃然起敬。所以，朱棣决定选郑和作为下西洋的统帅人物。

此时的郑和，已经是一个30岁左右的壮年人了。他有着高大的身材，宽阔的肩膀，丰满红润的面颊上，闪耀着一双明亮有神的眼睛。令人一见，简直就是一个威风凛凛、相貌堂堂的英雄人物。而且，他刚从日本回来，对出使别国也有了一定的经验，此次将出使西洋的任务也交给他来完成，朱棣还是很有信心的。

因此，朱棣马上召见郑和，庄严而郑重地对他说：

“朕现在已经决定，将出使西洋的这一重大使命交给你来完成，希望你不要辜负朕的期望。”

对郑和来说，这是多么大的鼓舞啊！但郑和的内心也十分清楚，要完成这个使命并不容易。横在他面前的，将会有数不清的困难，但他还是有决心和勇气去克服这些困难。

因此，郑和坚定地回答：

“臣愿尽自己一切力量，完成皇上交付的使命！”

虽然对自己面临的使命满怀信心，但当郑和收到随他出使的人员名单时，还是吓了一跳。名单上共记有钦差正使太监7名、副使监丞10

名、少监10名、内监53名，都指挥使2名，指挥93名，千户104名、百户103名、舍人2名、户部郎中1名、鸿胪寺序班1名，阴阳官1名、阴阳先生4名，医官医士共180名，此外还有旗校、勇士、力士、军士、余丁、民工、船夫、买办、书手等多人，共计26803人。

出海的人一多，许多具体的问题也会接踵而来。最重要的是，如何在海上解决这么多人的食物与饮水问题。为此，郑和特意请示朱棣，要求制造几十只专门运送粮食和饮水的运粮船和运水船，分别装载粮食和淡水。

诸如此类的问题，让郑和忙得团团转，一直到永乐三年（1405）冬，出海前的一切事宜才准备就绪。

（二）

随着冬季的到来，海上的风向也改变了，东北季风开始刮起，这正是向西南方向航行的最佳时机。在请示了朱棣之后，郑和便与他的副手王景弘及两位太监，率领着空前庞大的船队从苏州刘家港出发了。

刘家港位于今江苏省太仓市东部长江入海口，是浏河的入海口，南面与上海宝山、嘉定县接壤，为长江口的第二道门户。在历史上，刘家港是江南地区的出海口，古代对外贸易的重要港口。因此，郑和将他的船队选在这里出海，也是有一定道理的。

在船队最前面开路的是几十只战船，长十八丈（合60米）、宽六丈八尺（29.3米），五桅。这些船只既能耐风浪远行，速度还极其迅速。如果在海上遇到意外情况，也能迅速编队作战。这些战船组成了一道海上长城，保护着后面的运粮船和运水船。

跟着战船后面的，还有数十只马船，长三十七丈（约合123米）、宽十五丈（合50米），装载着大批的军需物资，供士兵们乘坐；还有相当一部分马匹在上面，以备在其他国家发生战事时，可以组织起一定数量的骑兵，增强部队的战斗力。

马船的后面，就是几十只运粮船与运水船，途中船员所需的各种补给都装在这些船只上。其后是十几只大型战船，称为座船，都是长二十四丈（合80米）、宽九丈八尺（约33米），前后护卫着郑和所乘坐的宝船。

再往后，是浩浩荡荡的62只大型宝船，都是长四十四丈（约147米）、宽十八丈（约60米）的庞然大物。这些船只里乘坐的都是跟随郑和一起出使的各首脑人物，或者是辅助人员。该船的另一个主要作用就是运输，其中装载着大明朝赏赐给西洋各国的东西，这些东西自然都是价值连城的宝物，所以才将这些船只称为宝船。大队的宝船之后，还有几十只战船护航。

整个船队首尾长约几十里，桅帆如林，布满了海面，方圆几十里的百姓都赶来观看。刘家港虽然自元朝开始就是著名的造船出航基地，但周围的百姓却从未见过如此规模庞大的船队在此出海。

船队在驶出外洋之后，便在广阔的海面上向两翼分散开来，前面的几十只战船与马船雁阵排开，将运粮船与运水船都包在他们的身后；十几只座船也向两侧分列，从侧面填补战船的空缺，以保护后面的宝船；最后的几十只战船也雁阵排开，将宝船护住。整个船队就像是一座巨大的海上城堡，在东北风上缓缓向西南方向驶去。当船队航行到福建五虎门后，在那里停留了一段时间，补充了一些淡水和食物，随后才又开船，向西南驶去。

在元明时期，海上行走的都是帆船，风向有很大的关系。到了明朝时，人们已经可以十分巧妙地运用风帆了，不仅可以利用顺风、侧风，就是前侧风，他们也能在海上走“之”字形路线，利用风力前进。只不过行进的速度大大比不上顺风时罢了。郑和的船队从五虎门出发，一连八九天遇到的都是极好的顺风，船队行进得也十分迅速。

每天，郑和除了在甲板上散步之外，就是召见一些以前去过西洋各国的通事或水手，与他们交谈，以便更多地了解西洋地区的风土人情。

（三）

一转眼，郑和率领的船队在海上已经航行了十天。这天上午，郑和到甲板上散了一会儿步，又照例找船员闲谈。郑和问道：

“我们的第一站是到占城吧？不知道还需要多久呢？”

身边的一名水手回答说：

“占城距离我国并不远，如果顺风顺水，十天就可以到了。”

“今天已经是我们出发的第十天了吧？”

“正是。这几日风向一直很好，今天或者最晚明天，我们应该就可以到了。”

郑和一听，顿时来了精神头。他笑着问水手：

“你们知道占城都出产什么特别的东西吗？”

这名水手想了想，回答说：

“要说特别的，可能就是伽蓝香了。整个天下，也只有占城国才有，而且占城国也只有一座山上才出产，所以特别珍贵。再就是观音竹，这种竹子高约两丈（约合36.7米），墨黑色，看起来就像铁一样，一寸（约合3.33厘米）之中就能长出两三节，十分奇特，也是其他地方不出产的。再就是犀牛、大象，这些在我国都十分罕见，在这里却很常见。鹅、鸭却很稀少，鸡也长得特别小，最大的也不过两斤（合1千克），脚高不过一寸半，最高的也只有两寸。公鸡红冠白耳，细腰高尾，人拿在手中也叫，很是有趣，可鸡肉却远没有我国的鸡肉好吃……”

这名水手说起来兴致勃勃，郑和也认真地听着，觉得很有趣。

这时，一名在外面当值的千户走进舱来，向郑和施礼道：

“大人，前面的船上发过旗语，说已经看到了陆地，想必应该是到占城了。”

郑和点了点头，说道；

“我知道了，有新情况再来禀报。”

船队渐渐来到岸边，由于船只太多，好一阵子才靠岸。大船不能靠岸，郑和只好乘小船与几个随从上岸。他发现，近海处大约有五六十户人家。

郑和刚一上岸，就有两名当地的头人前来迎接。一问之下才知道，这里的地名为设比奈，距离国王所居住的展成还有百十里的路程。郑和见天色已晚，便决定在船上过一夜。

第二天天刚亮，郑和便命人将船队带来的战马用小船装运上岸，然后亲自挑选了300名精锐骑兵，由四名百户、一名千户指挥，跟随自己去占城，其余船队都留着设比奈等候。

占城的国王已经得到禀报，因此早已准备好了一支由500人组成的迎接队伍。在队伍的前面，是上百名持枪、持刀的士兵，列成阵势；另有数十人敲着大鼓，吹奏椰笛。

当地的国王出行历来都是乘坐大象，谁知郑和的马队中有几匹战马一见到大象便惊了，一阵乱跑乱奔，将郑和的队伍冲得乱七八糟。郑和带着骑兵费了好大的力气，才将惊马勒住，重新整理队形。

占城国王见状，急忙命人将大象拉开，自己也不再乘象了，而是换了一辆小车，驾着两头黄牛，慢慢随郑和向城中行去。

郑和这时才有机会仔细打量一下占城国王，只见他头上戴着三山玲珑花冠，上身穿着白色窄袖长衣，下身是白色的筒裙，只是刚刚遮住膝盖，小腿裸露在外面，脚上穿着皮靴。

跟随在国王后面的大臣等，服饰与国王的大体一致，只是颜色不同，红、黄、蓝、紫各种颜色都有，就是没有白色。郑和已经听说，

占城国以白色为最尊贵，除了国王之外，其他人不能使用，违者死罪。所以，当他临来之前便已吩咐手下，谁也不能穿白色的服装，郑和自己浑身上下也没有一点白色的东西。

郑和一边走一边观察着，见占城国的城墙都是用巨石垒成的，十分坚固。进城后，街道两旁的住宅高都不过1米，人们出入都要弯着腰才行，所幸皇宫的建筑还是比较高大的。在街上的男男女女，也都是短衣打扮，下身只围着一块花布，长不过膝，有的连大腿都要露出半截来。郑和觉得眼前的人物和景物都十分有趣。

（四）

占城国王恭恭敬敬地将郑和一行迎入大殿内，听郑和宣读明朝永乐皇帝的圣旨，接收了永乐皇帝赐予他的礼物，然后设宴款待郑和。

席间，郑和发现，占城人酿酒与中国也有所不同，他们是把米与一种药物搅拌在一起，放入瓮中封存，等到了一定时候就取出来喝。在喝酒时，依据当时席间人数的多少，在酒中兑入相当数量的水，然后大家轮流用一个长约1.3米的竹筒到瓮中舀酒喝。喝干后，就再向其中兑入水，直到喝得一点酒味都没有为止。

正在喝酒时，忽然从大殿外面相互扭着进来两个人，互相大声地喊叫着。占城国王很是不悦，厉声训斥两人，两人才放开手，向国王跪了下来。

通事在郑和耳边小声说道：

“这两个人都是国中大臣，也不知因为何事争吵起来，故此来请国王裁决。”

郑和心想：大臣们相互扭打着上金殿找国王评理，这倒是从未听说过。因此，就小声问通事：

“国王如何裁决？”

通事回答说：

“国王说，让他们去骑水牛。”

郑和一听，更加好奇了，又小声问：

“什么是骑水牛？”

“据说，在占城的城外有一个大水潭，深不可测，占城国人都说那潭水深处有通道与大海相接。潭中有不少鳄鱼。本地有这样一个风俗，凡是双方争讼，难辨谁是谁非的，就让双方各自骑着一头水牛下潭，从这边一直渡到那边，据说潭中的鳄鱼会吃掉理亏的人，而有理的人即使来回骑十遍，鳄鱼也不会理他。”

郑和听后，不免觉得这个断案方式过于可笑。

就在这时，国王向郑和说道：

“正好贵使在这里，如果不介意，一会儿宴后请贵使光临鳄鱼潭，为双方做个见证。”

郑和也正想见识一下，就一口答应下来。

饭后，在大队人马的簇拥下，郑和跟随占城国王来到鳄鱼潭。两名争讼的大臣已经各自骑上了一头水牛，等待着国王下令。

占城国王一声令下，两位大臣催动水牛向鳄鱼潭中走去。郑和与众人一样，紧张地注视着水面，可两人已经行进到潭中心了，也不见什么动静。

就在这时，在距离两人不远的地方，水面忽然掀起阵阵波纹。在众人的低声议论声中，一只庞大的鳄鱼忽然从水中伸出头来。紧接着，第二只、第三只鳄鱼也伸出头来。郑和在心中暗暗数了数，发现共有九只鳄鱼。

此时，骑在水牛北上的两个人已经吓得心胆俱碎。忽然，郑和听到“啊”的一声惨叫，其中的一个人已经落入水中，蓝色的水中现出一

缕红色。郑和定眼一看，是其中的一个大臣被鳄鱼咬下去了，水中是死者的鲜血。另一个人更是吓得手足瘫软，面色惨白，连叫都叫不出来了，只是奋力地驱赶水牛游上对岸。

人们一片欢呼，冲上去拉住游上岸的水牛，将水牛背上已经吓得不能动弹的大臣抱下来，拉到国王面前。

占城国王看了看这位大臣，缓缓地对他说：

“事实证明你是对的，是无罪的，快回家去吧。”

那人直勾勾地瞪着眼睛，根本不知道国王在说什么，最后在众人的搀扶下，痴呆呆地退下去了。

在占城国待了几天后，郑和决定起身前往其他国家，占城国王再三恳请郑和再多住几日，但郑和担心在一个国家耽搁时间太长，赶不上好的风向，不能完成使命，所以坚持要走。

占城国王见状，只好遣使随同郑和一起出发，以向明朝皇帝进贡，并一直将郑和等人送到船上，看着他们扬帆起航后才回去。

关于郑和，家谱中说他“本姓马，永乐二年（1404）正月初一，御书‘郑’字，赐以姓”。家谱还说他“以兄文铭之子立嫡，名赐”，这说明了郑和作为太监而有后裔的渊源。家谱以郑和为一切祖，赐即二世祖。郑和后裔在国内有两大支系，一个支系的后裔在江苏南京，另一个支系的后裔在云南，还有一个分支在泰国清迈。泰国支系是在清朝末年时，郑和的第十五世孙郑崇林离开云南玉溪老家旅居泰国清迈，现有后裔30多人。后来，郑崇林还主持兴建了清迈第一座清真寺。

第八章　爪哇冲突

我之云帆高张，昼夜星驰，涉彼狂澜，若履通衢。

——（明）郑和

（一）

郑和的船队从占城国出发后，又向前行驶了20多天，来到爪哇国。

爪哇国的天气非常热，在到达爪哇的前几天，郑和就已经感到热得受不了了。越接近爪哇，天气就越发炎热，郑和渐渐整日待在船舱之中，脱掉上衣，让自己感觉凉爽一些。

这天，郑和听到部下报告，称前方已经看到爪哇国的海岸了，郑和这才将官衣穿戴起来，走到甲板上眺望。

一名千户上前禀报说：

“大人，属下的一名水手说，船队应该向东斜向靠岸，在那里的岸边有一处泉水，我们可以就近补充一下淡水。”

郑和点头应允。随后，船队向东靠岸，在海滩上果然有一处小小的水池，正是淡水。士兵们纷纷拿起大木桶到池中取水，运回各自的船上。虽然提水的人很多，可奇怪的是，这小水塘的水一点都不见少。

郑和叫来那名水手，问道：

“你怎么知道这里有一处淡水池呢？”

那名水手回答说：

“小人以前来过这里。据当地的人说，这里以前并没有这个淡水池，到了元朝初年，大将史弼、高兴二人奉命征讨爪哇，在此地与当地人作战一个月之久，却始终攻不上去。船上所有的淡水都用尽了，眼见部队就要渴死，史弼与高兴两位将军便在这里拜天祷告，请求上天赐给甘泉，而后又用铁枪扎地，泉水随之而出。后来，这里就有了这样一处泉水。”

郑和一听，笑了笑，没再说话，命人赏给这名水手十两银子。

这时，岸上已经有几十名当地人前来迎接，郑和坐着小船上了岸。通事与当地人交谈了半天才弄清，这里地名叫杜板，从这里向东继续行驶，可以到达新村。新村的居民大约有1000多家，都是来这里谋生的中国人，村主是广东人，村民也以广东、漳州人居多。

从新村向南行驶20多里（折合10千米），可以到达苏鲁马益，那里也有1000多户人家。从苏鲁马益再走七八十里路，可到达章姑。从章姑再走旱路，向西南走一天半左右，才能到达爪哇国王居住的满者伯夷。

弄清楚路线后，郑和马上指挥船队起航。行驶半日后，果然看到岸边有一个大村寨，民居建筑与中国相同，想必这就是新村了。船队没在这里停留，而是继续前进，不久又来到一处河口。

这时，船上传来旗语，说河面虽然很宽，但河水很浅，大船过不去。郑和只好命令船队在河口处的海面上停泊，各船分别派人到河口补给淡水，自己则改乘小船，率领400名士兵，分成40条小船，从河口逆流而上，准备前往章姑。

经过一段时间的行驶，郑和等人渐渐看到了人家。上岸一问，这里果然就是章姑。郑和留下50名士兵守船，自己带着350名士兵上岸。当地的头目听说明朝使者前来，忙派人带领郑和的亲兵先行去满者伯夷向爪哇国王报信，自己则亲自做向导，引郑和一行人向西南方向前行。途中，他们在当地住了一夜，第二天一早又继续赶路。

（二）

走了一段路程后，前面带路的人回来报告称，爪哇国王已经驾到了。随后，郑和果然看到远处走过来一队人马，簇拥着中间的一头大象。郑和估计，大象上乘坐的应该就是爪哇国王了。

原来，爪哇国王依照惯例，正在章姑主持一年一度的竹枪会。郑和的亲兵先来通报，爪哇的大臣就将他领到竹枪会中来见国王。爪哇国王一听说大明朝的使者来了，不敢怠慢，连竹枪会也顾不上管了，即刻率领手下大臣前往迎接。

爪哇国王从大象上下来，走到郑和面前叩拜，神色极为恭敬。郑和还礼后，就在爪哇国王的陪同之下，向满者伯夷的王宫进发。

到达王宫后，郑和向爪哇国王宣读了明朝皇帝的圣旨，爪哇国王跪听圣旨后，又设酒宴款待郑和。席间，郑和告诉爪哇国王，大明朝皇帝为爪哇国王带来了许多礼物，但因路途遥远，携带不便，都留在海边的船上，请国王派人前去领取。爪哇国王喜形于色，连连感谢。郑和又请求派人到都城中来与当地人进行贸易活动，爪哇国王也满口答应。

郑和在王宫中住了一夜，次日，爪哇国王派出大队人马护送郑和回船，并去领取大明朝皇帝赠送的礼物。郑和将跟随他的350名士兵留下，约定再派人押运货物前来，与他们一起同当地人交易，等贸易完毕后一同回船。

回到船上后，郑和将皇帝赐给爪哇国王的礼物一一交给爪哇人领走，又打发1000名士兵押运用于贸易的货物前往满者伯夷，自己则在船中等候上岸的人回来。

等了两天后，在附近岸上哨探的人忽然回来禀报郑和，说他们派上岸的人被爪哇人打了回来。郑和一听，急忙出舱查看，只见一队明军正向海边跑来，已经被打得溃不成军。

待明军回到船上，郑和仔细查问，才弄清楚事情的原委。原来，这队士兵押运着货物与爪哇的部队同行，还没走多远，就遇到郑和留在章姑的士兵们跑了回来，说爪哇国发生了内乱，本地人自相残杀起来，也不知该帮助哪一方，还是回船向郑大人请示为好。

这队明军刚走出没多远，便有一队爪哇人从树林中杀出来，向与他们同行的爪哇人发起了进攻。这伙人很多，因此很快就打败了与明军士兵同行的爪哇人，夺去了他们领回的大明朝皇帝的赐物。随后，他们又袭击明军，将明军押运的货物全部劫走，还杀了不少明军士兵。

郑和一听，大为恼火，下令清点人数，发现少了170余名士兵。虽然郑和不想使用武力，但事已至此，也实在没有更好的方法，于是下令：

“将所有能进河的小船全部调集起来，多带些藤牌、弓箭，调集两千精兵上小船，随我出发。除去守船的队伍外，其余人马全部上岸，从陆地接应。”

不多时，河面上便到处都是船只，各大船上放下的小船有上百只，密密麻麻地逆流而上。岸上也都是一列列整装待发的明军，准备向满者伯夷方向前进。

郑和率领明军刚刚走了半天，先头部队便来报告，称爪哇人送回了抢去的货物，并有使者要求拜见郑大人。

郑和宣使者过来见面后才弄明白，原来这爪哇国当时东、西分立，并有两个爪哇国王，郑和先前所见的是东王。郑和走后不久，正好西王大举进攻东王，将东王的部队消灭，连东王本人也被杀了。现在，西王已经控制了整个爪哇国，这个前来拜见郑和的使者名叫亚列加恩，就是西王的大臣。西王发现部下误杀了明朝士兵，还抢了货物，十分恐慌，忙派亚列加恩前来送回货物，并向郑和请罪。

同时，亚列加恩还称，西王才是爪哇国当立的国王，请明朝特使明查，罢去东王的王位，立西王为爪哇国国王。并说，西王已经在章姑待罪，等候郑大人发落。

郑和对亚列加恩的话半信半疑，好在章姑并不远，郑和命步兵原地待命，自己乘船随亚列加恩率领水兵向章姑前进。

（三）

郑和的船队还未到章姑，就又见到西王的使者率部前来迎接，且全部抛下兵器，跪在岸边。郑和的心这才稍稍放下一些，知道亚列加恩所说的是实情。

不过，郑和不敢掉以轻心，他命亚列加恩传令，请西王上船相见。西王倒是个爽快人，独自一人上了郑和的船。郑和随后命士兵调转船头，将船队驶回。

在船上，西王诚恳地向郑和表示，他只是与东王争夺爪哇的王位而已，并不敢与大明朝作对，是属下的军官不知是非，私自劫持了大明朝的货物，还杀了明朝士兵。

郑和回到自己的座船上后，命西王进舱内说话。西王一进舱门，便跪下磕头，不论郑和怎么说，就是不肯起来。

郑和无奈，只好说道：

“我并没有杀害王爷之意，只是你的人马杀了我大明官兵170余人，不论是什么原因。人都是死在你们国家境内的，我回朝后怎么向明朝皇帝交待？”

西王忙回答说：

“如果贵使同意，我愿意献上黄金六万两，一来赎我之罪，二来赔偿贵国的损失。”

郑和对西王的做法感到很不满，怒道：

“出六万两黄金，就可以随便杀我的人吗？”

西王一听，浑身直冒冷汗，忙称：

“不敢，不敢。率兵进攻明军的两个混蛋已经被我羁押在王宫之中，听候圣使的处置。”

郑和这才满意地点点头，随即又说道：

“可是，我回去向我朝皇帝说明情况，空口无凭，皇帝怎么会相信我的话呢？”

西王惊魂未定，一时不知如何是好。

这时，西王身边的亚列加恩已经明白了郑和的意思，他上前一步说道：

“下官不才，愿意随同郑大人一起入朝向贵国皇帝说明情况。”

郑和要的就是这句话。因为郑和很清楚，此时朱棣这位新天子最需要的就是万国朝贡的场面，以证明自己就是真龙天子，不是篡夺侄儿皇位的叛臣。爪哇国如果能遣使入朝，又献上六万两黄金，那对朱棣来说，实在是件非常有面子的事。

后来，亚列加恩随同郑和一起返回南京，奏明永乐皇帝朱棣。不出郑和所料，朱棣果然十分高兴，准了奏本，还特意为此事给爪哇国下了一道诏书：

> 尔居南海，能修职贡，使者往来，以礼迎送，朕尝嘉之。尔比与东王构兵，而累及朝廷所遣使，百七十余人皆杀，此何辜也。且尔与东王均受朝廷封爵，乃逞贪忿，擅灭之而据其地，违天逆命，有大于此乎？方将兴师致讨，而遣亚列加恩等诣阙请罪。朕以尔能悔过，姑止兵不进，但念百七十人者死于无辜，岂可已也？即输黄

> 金六万两，偿死者之命，且赎尔罪，庶几可保尔土地人民。不然，问罪之师，终不可已，安南之事可鉴矣。

后来，郑和出使又来到爪哇，西王又托他代向朝廷进献黄金一万两，并请减免五万两。对此，朝中有些官员不同意，但朱棣却认为：对于属国，最重要的是让他们知道朝廷的恩威，而不必在意区区的几万两黄金。特旨赦免。

郑和出使过程中，对爪哇内乱的处理方式表明了明朝政府宽大为怀、和平友好的诚意。同时，郑和还积极推行和平外交政策，为建立、发展和巩固中国与东南亚各国的关系作出了贡献。

郑和的船队几次到达过非洲的肯尼亚，当时的国王托郑和向明朝赠送长颈鹿，意为两国站得高、看得远，结为友好之国。同时，郑和也代表明成祖朱棣向非洲国家赠送礼物。一次，派出运送礼物的船只不幸在肯尼亚拉穆群岛的帕泰岛附近海域遇险。后来，遇险的船员有的有幸被岛上的村民救起，并和岛上女子通婚，繁衍后人。

第九章　难忘古里

内安华夏，外抚四夷，一视同仁，共享太平。

——（明）朱棣

（一）

离开爪哇之后，郑和率领船队又先后到达了苏门答腊、旧港、满剌加等国。每到一处，都受到当地的热烈欢迎。郑和开读圣旨，颁发永乐皇帝的赐物，与当地人进行贸易，一切都进行得十分顺利。各国都得到了永乐皇帝所赐予的大量珍宝，又通过与郑和的贸易得到了不少在当地很难见到的中国货，都大喜过望，纷纷派遣使臣随同郑和的船队前往中国，向永乐皇帝纳贡。

在这些人当中，最高兴的当属苏门答腊国王了。近些年来，苏门答腊的邻国爪哇国发展迅速，日渐强盛，并且已经吞并了三佛齐，甚至大有吞并苏门答腊之势。苏门答腊国明知不敌，却又无计可施。

此次郑和前来，给苏门答腊国带来的永乐皇帝的赐物中，竟有一枚刻有“苏门答腊国王”字样的金币。苏门答腊国王的地位得到了中国皇帝的认可，这样一来，爪哇国就不能不有所顾忌。

而且，苏门答腊国王还听说，爪哇西王与东王发生内战，西王因误伤郑和的属下而被处以六万两黄金的罚款，想必爪哇国力如此一来必定大受削弱，自己的国家少了一个强敌，这可真是喜从天降。

郑和的船队从苏门答腊出发后，又一直向西行驶四天，来到南巫里，即今天印尼的班达亚齐。当时，这里还只是一个有着千余户人家的小国，但却已经是东西洋海上交通的枢纽了。郑和对这里的战略地位十分重视，第一次下西洋就对南巫里进行了友好访问。

离开南巫里不久，郑和的船队又到达一个名叫帽山的地方。从这里转而向东北前进，又行驶三天，远远地望见有三四座高山在前面。

郑和询问通事，是不是已经要到了锡兰山。通事说：

“对面并不是锡兰山，而是海中的几个小岛。只是这岛上的地势极为险峻，如同从海面上冲天而起的高山，竟没有一点平地。”

船队渐渐行近，郑和也看清了，果然是海中的四座高山。郑和不由笑着说：

“这几座山看起来很有趣，不知道它们有没有名字呢？”

通事回答说：

“我只知道其中最高的一座山名叫按笃蛮山，番语的意思是翠蓝山，其余三座就不知晓了。”

“山上有人居住吗？”

“有的。据说这山上不产粮食，人们都以山芋、菠萝蜜、芭蕉等作为主食，或者捕食海中的鱼虾生吃。山上的人也都是一丝不挂地生活，据说他们有一种奇怪的说法，人身上哪里粘上了布，哪里就要生烂疮。传说，当年佛祖曾渡海来到这里，见山上有一处清泉，就脱掉衣服到泉水中洗澡。当地人偷偷地藏起了佛祖的衣服，佛祖出浴后找不到衣服，知道是当地人偷去了，便对当地人发出诅咒，让当地人只要一穿衣服，全身就会生疮。如今，当地人都不穿衣服，传说就是因为受到了佛祖的诅咒。”

郑和笑笑，说道：

“真是胡说。这么说来，佛祖岂不是太小气了！”

说笑中，船队已经过了翠蓝山，到达了满剌加。它位于今天马来西亚的马六甲，地理位置在马来半岛的西南端，控制着马六甲海峡，是郑和的船队进入印度洋的必经之地。

郑和的船队在满剌加登陆那天， 满剌加国王举行了隆重的欢迎仪式。码头上旌旗招展，鲜花怒放，聚满了围观的人群。国王亲自率领官员与仪仗队前往港口迎接明朝特使，场面十分壮观。

郑和与官员登陆后，与当地的居民进行了友好的交流。在这里，他们还教当地的居民如何在盖房子时筑高地基，以防止海水侵蚀；教他们如何围养鳄鱼，取鱼皮制作箱包等，大大地改善了当地居民的生活方式。

（二）

从满剌加离开后，船队又一直向西行驶七天，到达莺歌嘴山。在这里，船队补充了一些淡水，随后继续西行。三天后，又来到佛堂山。过了佛堂山后，才到达锡兰国的港口别罗里。

锡兰国是一个佛教国家，全国人民都信奉佛教，传说释迦摩尼就是在这里去世的。锡兰国的百姓还十分尊崇牛，全国上下没人敢吃牛肉，当地的法律也不许宰杀牛。同时，锡兰人还习惯将牛粪用水调成稀糊，用来涂抹房屋或墙壁；或者将牛粪烧成灰，用来擦抹身体。

郑和自从作了太监后，多年来一直都信奉佛教。如今到了佛国，自然十分兴奋。他先派人上岸通知锡兰国王，明朝使臣抵达，自己则在舱内沐浴更衣，持斋诵佛。

锡兰国王得到消息后，亲自到海边迎接郑和。郑和命各船一齐焚香，这才乘小船上岸。

郑和随锡兰国王一起前行，途径一座宏伟的寺院。锡兰国王介绍说，这里不仅供奉着卧佛像，还供奉着佛牙和佛的舍利子。郑和随即进寺拈香，顶礼膜拜，又在锡兰国王的陪同下，参观了一次佛牙和舍利子，心情十分激动。

从寺院出来后，锡兰国王才请郑和乘象前行，并解释说，当地的风俗十分重视大象，只有最尊贵的客人才请乘象入城。郑和骑上大象，又走了四五十里路，才来到锡兰国王的王宫。

进入王宫后，郑和又礼过佛，这才开读圣旨，颁发赐物，又与锡兰国王商定如何与锡兰国进行贸易活动等事项。

离开锡兰国后，郑和的船队一路向西北行驶，十几天后，船队终于抵达了他们此次出行的最后一站：古里。

古里国东与坎巴夷相接，南与柯枝国交界，北面是狠奴儿国，西临大海，是西洋诸国中数一数二的大国，因此，永乐皇帝对古里的赏赐也比给其他西洋国家的多。除了对古里国王赐以印诰之外，对古里国王属下的主要大臣们也有封赐，赏给一定品级的官服。郑和的到来，让古里国的君臣们都沉浸在一片喜庆的气氛之中。

郑和开读圣旨之后，古里国王热情地设宴款待郑和，并派人去请他最亲信的两位大臣。郑和知道，古里国历来都是两名大臣辅政，且权力极大，凡事国王都要与其商量。

然而，当两人走入大殿时，郑和不由一怔，不知自己该以什么礼仪与之相见。只见来的两个人中，一个大约三十开外，另一个大约五十多岁，都长得很英俊。只是二人的衣着打扮却与古里国王及国王的侍从们有所不同，他们都穿着白色的长袍，头上缠着头巾。郑和知道，这是典型的穆斯林装束。

郑和早已问过通事，在古里国中，有一半以上的居民都信奉伊斯兰教。两位大臣向国王行过礼后，又向郑和走来。郑和忙用阿拉伯语说出穆斯林见面时的问安辞：

“安塞俩目尔来以库目。”

两位大臣一听，互相对望了一眼，然后同时回答：

“斡俩昆塞俩目。”

随后，他们与郑和宾主相见，相谈甚欢。宴会结束后，两位穆斯林大臣主动提出，由他们引导郑和到各处去参观参观，国王同意了他们的请求。

两位大臣高兴地带领郑和出去观光。郑和发现，古里国最大的特点就是椰子树众多，似乎到处都是椰子树。

见郑和好奇地看着一棵棵高大的椰子树，年轻的穆斯林大臣解释说：

“我们这里最重视椰子树，有钱的人家总是要多种植一些椰子树，把它们当成是自己财产的一部分。有的人家拥有几千株呢！”

“为什么这么重视椰子树呢？”郑和问道。

年轻大臣笑着回答说：

“椰子树十分有用，当地人都认为，椰子树至少有十种用途。第一，椰子很好吃；第二，椰汁可以用来酿酒；第三，椰子可以用来做饭；第四，可以用来炼油；第五，可以用来制糖；第六，椰子壳可以用来制成杯、碗等器皿；第七，椰子叶可以用来盖屋顶防雨；第八，椰子树可以用来造船；第九，椰子树可以用来建房；第十，可以用来烧柴。”

郑和听他说得头头是道，不禁笑了起来。

（三）

三人边走边聊，这时，年轻的穆斯林大臣忽然说道：

“难得有中国的穆斯林使臣来到我国，我们为什么不立一座碑以志纪念呢？”

“这个主意好啊！”另一位穆斯林马上表示赞同。

“郑大人，您的意见呢？”

“我当然赞成了。”

“那好，我们现在就来分分工，我们两人回宫中去请国王命人建碑，郑大人您就去写碑文，如何？”

郑和一听，忙道：

“这碑文由贵国来写就是了。”

年轻的大臣说：

“郑大人，这怎么能行呢？这碑文是纪念中国的穆斯林来到这里的，怎么能由我们来写呢？”

郑和见推辞不了，只好沉思片刻，写下这样几句话：

此去中国，十万余程，民物咸若，熙皋同情，永示万世，地平天成。

两位大臣在古里国极具权势，回去向国王一说，国王立即表示同意，并召集工匠刻碑。于是，郑和的这段前无头、后无尾，也没有任何提款的碑文，就原样被刻在石碑上了。

古里国王还举行了盛大的立碑仪式，郑和的船队中也有不少人应邀参加，只是众人看到郑大人的这道碑文后，都不知说什么才好。

在古里期间，郑和与古里国王还谈了双方贸易的事情。古里国王见郑和与两位大臣相处十分融洽，就索性将这件事交给两位大臣去协同办理。

双方先验了郑和船队带来的货物，然后共同商定各种货物的价格，

并一一标明。随后，两位大臣召集国内的商人前来看货，再按照标间与之进行交换活动。由于是以物易物，货物的品种又多，这逐一议价就进行了很多天。

双方的度量衡都不相同，古里国的一钱相当于明朝的八分；古里国以十六钱为一两，二十两为一斤，其一两相当于明朝的一两二钱八分，一斤相当于明朝的一斤九两六钱，十斤相当于明朝的十六斤。

古里国的秤与中国的也不同，中国的秤提起的地方是固定的，靠秤砣的移动来称量东西；而古里国的秤正好相反，秤砣是固定在秤杆上的，提手却是来回移动的，这种秤一次最多只能秤十斤。

当地不同的商品还存在着不同的计量习惯，比如称香料，习惯以200斤为一个单位，成为播荷；可是，称胡椒却习惯以250斤为一个单位，却也称为播荷。

这些不同，让人觉得十分麻烦，换算起来也十分费力，所以贸易活动进行得十分缓慢。

好在郑和也不着急，因为这里是他此次出行的最后一站，他也希望将带来的所有货物都处理出去。另外，他也要在这里等候有利的风向。

忙活了一个多月后，碑也立了，贸易也进行完了，郑和的航队才准备启程回国。两位穆斯林大臣率领许多当地的穆斯林列队在海边为郑和送行，古里国王也组织了盛大的欢送队伍，预祝郑和的船队一路顺风。

古里国王还特地选出五十两赤金，命国内最好的金匠抽成像头发一样细的金丝，再以这些金丝织成一条腰带，在上面镶嵌上各色珍珠、宝石等，作为给永乐皇帝的贡品，还派出一位名叫乃邦的使臣随同郑和一起回中国朝贡。郑和对此表示十分满意。

郑和在率领船队下西洋的途中，在茫茫大海上，船员们经常因为无聊而滋生事端，为此，郑和就发明了一种麻雀牌。他根据船队船只的条数在竹板上刻上一到九条，根据装淡水的水桶数刻上一到九桶，根据赌徒们赌博发财的心理刻上一到九万，根据海上的风向刻上东南西北风，根据船上号令牌的内容刻上白板和发财，共计136张牌。有了麻雀牌，船员们果然沉溺其中而不再寻衅滋事。这就是现在有“国粹”之称的麻将。

第十章　胜利归航

宣教化于海外诸番国，导以礼仪，变其夷习。

——（明）朱棣

（一）

离开古里国后，郑和率领船队向国内驶去。此时风向正好，沿途又不必停留，因此船队比来时要快得多。

这一天，船队正在大海上航行，前方即将到达一个名叫旧港的地方，郑和命令船队到旧港后补充一些淡水再行驶。

忽然，一位官员进来向郑和汇报说，前方遇到一队来自国内的官船，也是出使番邦的使臣乘坐的。船上的使臣还要求见郑和，说自己身上带有给郑和的密旨。

“快去请对方上船来。”

郑和一边说请，一边命人更衣，换上自己的官服，到船头迎接。

郑和的船队一直前行，不久便与前方的船队相遇了。双方前哨互相交换了一阵旗语，其中一支较大的船边径直向郑和的座船驶来。

当对方的船靠近郑和的座船时，郑和发现他认识船上的人。对方名叫尹庆，也是宫中的一名太监。两人携手走进郑和的船舱，寒暄过后，郑和命侍从全部退出，然后低声问道：

“不知皇上有什么密旨要交给我？”

尹庆从怀里取出密旨，递给郑和，说：

“大人还是自己看吧。”

郑和忙站起身接过圣旨，打开查看。原来，永乐皇帝在圣旨中说，旧港的头目陈祖义豪横不法，经常劫掠各国前往大明朝的贡使，抢走各国给大明朝的贡品，实属罪大恶极，因此命令郑和在归国途中前往旧港，命令陈祖义痛改前非。倘若陈祖义不听劝告，就将他捉拿回京治罪。

郑和看完后，慢慢合上圣旨，陷入了沉思。他暗想，这陈祖义既然敢于掠夺各国给朝廷的贡品，也不会因为自己的劝告而痛改前非，在不得已的情况下，自己只能动用武力，拿他回京了。

尹庆离开后，郑和便找来几名熟悉旧港情况的人问话。

旧港就是以前的三佛齐国。三佛齐国本来是爪哇的属国，洪武三年开始，他们也派使臣向大明朝进贡。洪武九年，三佛齐的贡使向朱元璋为自己的国王请求封号，朱元璋下令封其为三佛齐国王。

爪哇国王听说朱元璋册封了三佛齐国王后，对明朝将自己的属国加封为与自己一样的国王的行为很是不满，就设计诱杀了明朝的使臣。

朱元璋本来就有心派兵进讨爪哇，只是随后国内出现了胡惟庸案，朱元璋又推行了海禁政策，此事才不了了之。爪哇国王见大明朝对自己诱杀使臣的行为没有任何反应，胆子更加大起来，遂出兵吞并了三佛齐，将其改名为旧港。

三佛齐国内本来有不少移居此地的中国人，他们对爪哇的统治都很不满，经常与三佛齐当地的居民一起发动叛乱，导致爪哇人在此的统治极其不稳固。几经周折后，广东人梁道明领导的一支人马占领了旧港，成为这里事实上的统治者，将爪哇人的势力驱逐出去。

后来，陈祖义接替梁道明，成为旧港的大头目。旧港本来富庶，一年三熟，还出产各种香料，南阳各国都十分喜爱，纷纷以重金前来购买。可是，陈祖义贪得无厌，对这些收入并不满足，经常率队外出，掠夺过往船只。诸国向大明朝进贡的贡船也经常遭陈祖义掠夺，无奈之下，诸国使臣纷纷向永乐皇帝告状，希望明朝皇帝能够讨伐陈祖义。

明王朝一直都记得爪哇国诱杀朝廷使臣的旧恨，此事虽然历经两朝，朱棣登基后，为怀柔远人，自然也不便再翻旧账，可他却不愿意看到爪哇国的势力过于强大。但明朝又不便出面，于是便暗中命令暹罗国与爪哇为敌。

暹罗也是南洋一带的强国，有了大明朝做后盾，自然有胆子向爪哇挑衅。而爪哇有了强敌，也不得不全力对付，自然也就没有精力再顾及旧港的事情了。陈祖义抓住这个机会，在旧港称霸起来。

旧港的一面是大山，一面是海洋，另外两面分别与爪哇、满剌加交界。从陆路进入旧港，山路比较难行，只有假道于爪哇或满剌加。从海路进入旧港内地，首先要进入彭家门海港，然后从勃林邦河逆流而上，通过淡港才能抵达。

勃林邦河河床不算太深，大船进不去，只能改换成小船才行。但若是用小船作战的话，周围各国人都不是旧港人的对手。再加上里面河汊纵横，外人很难分清道路，所以一直没有人敢从水路向旧港发起进攻。爪哇能够征服旧港，也是站占了与之交界的便宜，从陆路发起进攻的。

尹庆在告别郑和后，便奉永乐皇帝的命令去了满剌加。此时郑和才明白，尹庆此时去满剌加，显然是为了与满剌加处好关系。如果郑和从海上进攻旧港不下，还可以向满剌加假道，从陆地发起进攻。

（二）

郑和将密旨拿给自己的副使王景弘看。王景弘看完后，忍不住问道：

“那我们是否还去旧港补充淡水？”

郑和笑着说：

“为什么不去呢？皇上之所以下密旨，就是不想让别人知道我们有进攻旧港的意图。现在旧港不还是我们的属国吗？我们去那里补充淡水也是正常的。况且皇上的密旨说得很清楚，让我们劝谕陈祖义，他不听劝谕再擒拿。也就是说，皇上也不想动刀兵，还是想以和平的方式解决。”

王景弘又问：

“那如果陈祖义表面上表示服从了，我们离开后他照旧怎么办？”

郑和叹了一口气，说：

“这件事难就难在这里。如果我们不加劝谕就动手将陈祖义捉拿回朝，这是违抗圣旨；如果他阳奉阴违，事后皇上定会怪罪我们办事不利。可是，他是不是真的听从劝谕，我们又怎么能知道呢？”

郑和此时还不知道，从出使日本到现在，他离开朱棣身边已经有两年了。在这期间，太常寺丞袁忠彻一直都在阴谋陷害他，多亏谋士姚广孝多方设法为他遮掩。而现在这道圣旨，正是袁忠彻给朱棣出的主意。

王景弘又问：

“那眼下我们该怎么办？”

郑和沉思了一会儿，缓缓说道：

“两害相权取其轻，宁可让皇上责备我们办事不利，也不能背上抗旨的罪名。传令下去，船队全速驶向旧港。”

当郑和的船队缓缓接近彭家门的时候，前方船上传来了旗语，称当地有人前来迎接，郑和命人将来人带到他的座船上。不一会儿，一位身材魁梧的大汉便走进郑和的船舱，向郑和施礼道：

“旧港陈祖义叩见郑大人。迎接来迟，望大人恕罪。”

郑和命下人搬来一把椅子，让陈祖义坐下，陈祖义斜欠着身子坐了下来。随后，郑和向陈祖义问道：

“陈祖义，你知不知道，已经有几个国家的贡使在皇上面前告你的状了。”

郑和一叫到陈祖义的名字，陈祖义马上从椅子上站起来，以示恭敬，直到郑和摆手示意他坐下，他才又斜欠着身子坐下。等郑和问完话，他又恭恭敬敬地一拱手施礼道：

“回大人，小人不知道。”

郑和又说：

“皇上有圣旨给我，让我在路过旧港时传旨给你，命你以后不要再骚扰各国进京上贡的贡使。”

听郑和说到圣旨，陈祖义马上又从椅子上站起来，一直到郑和讲话说完，他才说道；

“回大人，小人冤枉。虽然小人在旧港主事，但小人一直记着自己是大明臣子，不敢有半点有亏臣子之礼的地方。而且，我早就想进京向皇上朝贡，只是我没有官职，无法奏明皇上，此次我前来就是希望大人能代为转奏。各国进京的贡使确实大多从旧港路过，每次我都以礼相待，从未有半点轻视之意，更不要说骚扰了。由于我入朝进贡之心太切，我也曾请求经过这里的几位贡使代我奏明皇上，为此我暗中还送给他们每人一份重礼。可没想到的是，他们不仅没有替我奏明皇上，反而在皇上面前陷害我，以隐瞒他们收我重金之事。因此，还请郑大人为小人做主，在皇上面前为我辩白几句，以便洗去我莫须有的罪名。”

陈祖义的一番话，让郑和和王景弘面面相觑。想不到陈祖义倒打一耙，倒说是告他的各位贡使收了他的钱，他自己反而成了受害人。

但郑和很清楚，现在空口无凭，无法揭露陈祖义的谎言。想到这里，郑和又说：

“你们各说各的理，我也弄不清事实的原委了。正好我的船队淡水用完了，也要到旧港去补充淡水，你就派个能言善辩的人跟随我一同回京，我引他到皇上面前，让他与诸国贡使们去分辨吧。是非曲直，皇上自然明察。”

陈祖义又恭恭敬敬地说了一声“是”，然后倒退着出了郑和的船舱。

（三）

陈祖义走后，郑和的船队全部都停在了彭家门，在这里补充淡水。淡水刚刚补充完毕，一名千户就进来向郑和禀报，说前面的船上过来一个人，有机密大事要见郑和。

郑和马上命人将该人带上来。这人一进郑和的座舱，便向郑和叩头道：

“施进卿给郑大人叩头。”

郑和示意他免礼起身，然后问他何事。这人回答说：

“回大人，小人是特地赶来报信的。陈祖义不怀好心，他要加害大人。”

郑和忙问：

“你都知道些什么？赶快说！”

“是。小人是陈祖义手下的大头目之一，在大人的船队到来之前，陈祖义已经命人在彭家门港外的水下设置了障碍物。这里每天有两次大潮，与其他地方不同，陈祖义表示要为郑大人的船队导航，就是想赶在海水涨大潮时引大人的船队入港，让大人不会发现水中的障碍

物。但他已经在外洋预备下三十只火船，待到夜里潮水落后，大人的船队被障碍物拦在港内，无法向海上驶出时，他就会从海上向港内发来火船，放起大火，烧毁大人的船只。”

听完施进卿的话，郑和心中不由暗暗惭愧。若不是施进卿前来报信，自己恐怕是应付不了陈祖义的这条毒计了。

郑和沉思了一会儿，心中已经有了计谋。他立即召集四名精干的千户到船中，命他们马上选出400名水性好的士兵，分乘十条快船，从勃林邦河口逆流而上，走出一半路以后就全部下船，游水前进，将空船顺流放下，以防被人发现。再走一段之后，便改行陆路，直奔陈祖义大营，然后放火烧营。大火烧起来之后，他们就守住敌营的大门。如果敌人从大门中逃出，他们就上前截杀；如果敌人太多，就放他们出去。

同时，郑和又命施进卿暗中回营，召集自己的亲信人马，到时从城外接应明军，与明军部队一起进入城中，剿灭陈祖义。

随后，郑和又召集四名千户，命他们挑选300名武功好的士兵，抬上一份厚礼，乘坐十条快船前往陈祖义的大营，去给陈祖义送礼。郑和还命令他们，待礼物送到之后，这四名千户及随同人员就留在陈祖义的大营中等候郑和。

而后，郑和又召集两名指挥使，命他们点起400名精兵，随他一同前往陈祖义的大营。

眼看天就要到了日落时分，此时陈祖义正在调兵遣将，准备向彭家门发起进攻。这时有人来报，说郑和派人给他送礼来了。陈祖义虽然心中狐疑，但还是装出一副恭敬的样子，将来送礼的几位千户让进大营。

四名千户呈上礼单，并说：

“郑大人明日一早就要开船，来不及向陈大人辞行，故而给陈大人送来薄礼，请大人笑纳。今日天色已晚，大人命我们不必回去，明日一早护送陈大人的使者一起回船即可。我们就多多打扰了。”

陈祖义一面假意招呼着要款待四位千户，一面暗中派人查看礼物真假，结果发现礼物都是真的，而且相当贵重。陈祖义对此有些不解，担心自己的计划败露，但事已至此，也只能硬着头皮向前走了。

因此，他命令两位头目陪同四位千户吃喝，将他们稳住，自己则清点人马，准备向彭家门杀去。

（四）

就在陈祖义准备领兵杀向郑和的船队时，又有人进来禀报，说郑和来拜访了。陈祖义一听，马上将部队隐藏起来，装作若无其事的样子，亲自上岸迎接郑和。郑和一面上岸，一面对陈祖义说：

“陈头领，今晚只怕要打扰您了。部下向我禀报，说海上有不明身份的大船队，可能是海盗。我命令他们严加防守，但还是睡不安稳，所以就到陈头领这里打扰一夜。”

陈祖义忙说：

“郑大人能来，是我求之不得的，我这就给大人安排住处。”

陈祖义心中暗想，这郑和看来真是胆小，害怕打仗，才躲到我这里来。这样看来，他还没有怀疑我的队伍。

四名千户见郑和来了，也都一起出来迎接。郑和端起酒杯，说道：

“我还真有点心慌，正好喝口酒压压惊。”

陈祖义一听，心中又暗暗想道：他毕竟是个太监，何曾见过打仗的阵势！

郑和的一杯酒还未下肚，就听见外面已经乱作一团，到处都有人在喊：

“着火啦！着火啦！”

陈祖义觉得这火着得有点莫名其妙，忙喝令部下去救火。这时，郑

和站了起来，走到陈祖义面前，故意战战兢兢地说：

“陈头领，我可全靠你了！”

陈祖义还没弄清怎么回事，郑和突然间抢上一步，左手一扣陈祖义的右臂，借着陈祖义往外挣脱的力气又进一步，自己绕到陈祖义的侧面，右臂又一伸，一下子扣住了陈祖义的脖子。

随同郑和同来的两名指挥武功都不弱，见郑和一出手，马上抽出佩剑，一左一右，两把剑架在陈祖义的脖子上了。另外四名千户则各自抽出宝剑，把住大帐的门口，喝令屋内的人不许乱动。只是一瞬间的事，陈祖义便落入了郑和的掌握之中。

这时，施进卿也赶来了。郑和请施进卿入座，接着举起酒杯，向在座的各位头目敬酒，然后朗声说道：

“陈祖义目无天朝，胆敢劫夺诸国贡使。下官奉皇上圣旨，命他改过自新，谁知他不但不听，反而想火烧下官的船队。下官被逼无奈，只好将他拿回朝去，请皇上处置。施进卿能忠于朝廷，揭露陈祖义的阴谋，从现在起，就命施进卿暂理旧港一切事宜，等我回朝后奏明皇上，论功加封。”

次日，郑和见施进卿将旧港的事情安排得十分妥帖，便押着陈祖义上了船，扬帆北去。

这是郑和下西洋以来发生的第一次海上大战。郑和的舰队凭借其强大的军事力量，以及严密的组织编队，首次展现了中国古代海军的军威。

从旧港北上，郑和一帆风顺地回到南京。永乐皇帝朱棣亲自出宫迎接郑和，并听郑和详细讲述了出使的经过，对他的所作所为也极为满意。郑和又讲了许多海外的奇闻异事，引得永乐皇帝龙颜大悦。最后，郑和又汇报了陈祖义的事情，并奏请永乐皇帝将陈祖义问斩，封施进卿为旧港的头领。旧港海盗的肃清，为海上丝绸之路的安全打下了坚实的基础。

郑和为附近各国除了陈祖义这一害群之马，也为明王朝与各国的友好往来打开了海上通道。“海道由是清宁，番人赖之以安业”，这是当时人们的评价。

从这时开始，旧港也一直听从明王朝的号令，作为大明王朝的一个地方政权而存在。明朝正式设立了旧港宣慰使司，使任施进卿为旧港宣慰使。

施进卿去世后，他的女儿施二姐继承父业，成为旧港首领，并继承了父亲的亲明政策，接受大明朝的封号，不断遣使者入京朝贡，先后与明朝友好往来几十年。

第十一章　杨威暹罗

明代海军在历史上可能比任何亚洲国家都出色，甚至同时代的任何欧洲国家，以致所有欧洲国家联合起来，可以说都无法与明代海军匹敌。

——英国博士李约瑟

（一）

就在郑和第一次下西洋还未曾返回刘家港之前，永乐皇帝朱棣就已经下令都指挥汪浩改造海船249艘，用于预备下次出使西洋各国。在郑和回国的那年秋天，即永乐五年（1407）秋，永乐皇帝朱棣便又向郑和发出第二次远航的命令。

九月十三日，仅仅休整了十几天的郑和船队官兵再度起航。这次出使的国家比第一次更多，主要有占城、爪哇、满剌加、暹罗、渤泥、苏门答腊、锡兰山、小葛兰、柯枝、古里、加异勒等国以及其他一些小国。

在对占城、爪哇再度进行礼节性的访问和贸易交往后，于第二年，即1408年初，郑和的船队到达了暹罗，也就是今天的泰国。

郑和的船队抵岸那天，受到了暹罗君臣十分隆重的欢迎。暹罗国王父子骑在白象上作为先导，郑和则端坐在锦缎锈制的罗伞下，由奴役抬进王宫。暹罗众大臣则赤足步行，亦步亦趋，十分恭敬。

暹罗是当时的一个比较强大的国家，那里的统治阶级经常侵犯临近的小国。此时，暹罗正与周边的邻国发生一些不愉快的纠纷。有一次，占城使臣从中国回去，船只路上遇到海风，被大风吹到暹罗附近。暹罗政府便将其扣押起来，不肯放他回国。无奈之下，占城国王只好向明朝政府诉苦抱怨求助。

以前，暹罗还曾经是苏门答腊和满剌加等国的宗主国，一向恃强凌弱。不知为何缘故，暹罗竟然找了个莫须有的罪名，发兵夺走了明朝封赐给这些国家的诰印。苏门答腊和满剌加等国自然又诉讼到了永乐皇帝那里。

永乐皇帝朱棣也曾向暹罗派过使臣，命他们改变这种不友好的态度，但他们丝毫不加理睬。

郑和来到暹罗国后，向暹罗国国王宣读了永乐皇帝的圣旨：

奉天承运，皇帝诏曰：

占城、苏门答腊、满剌加与尔俱受朝命，安能逞威拘其贡使，夺其诰印。天有显道，善福祸淫，安南黎贼，可为鉴戒。其即返占城使者，苏门答腊、满剌加印诰。自今奉天循理，保境睦邻，庶共享太平之福。

钦此！

这道诏书不但措辞强硬，命令中加有威胁，而且对暹罗国王使用的是带有贬义的称呼“尔”。

郑和读完诏书后，暹罗国王并未动怒，只是缓缓地说：

“送还占城使者并不难，只是苏门答腊和满剌加一直都是我国的属国，天朝却赐给他们封诰和印，难道不应该由我国来代为掌管吗？”

郑和说：

“你国也是天朝的属国，他们也是天朝的蜀国，在这一点上你们都是平等的。就如同你的大臣是你的属下，你的臣民百姓也是你的属下，难道大王你赐给百姓的东西就应该交给你的大臣们代管吗？”

暹罗国王听完郑和的比喻，马上笑着说：

“当然不能。”

郑和又马上反问道：

“那你为什么非要代管苏门答腊和满剌加两国的印诰呢？”

暹罗国王一时语塞。

（二）

就在这时，坐在暹罗国王身后的王后开口了：

“我的大臣与我的臣民都是我的属下，我国与我的属国都是天朝的属国。我的大臣可以代我管理我的臣民，我也可以代天朝大国管理我的属国。这不是顺理成章的事情吗？使臣所说的道理也不太恰当啊！”

郑和听完王后的话，心中不由一凛。他在上次出使西洋各国时就曾听人说起过，暹罗国从国王到百姓，都是妻子当家。这位王后倒是位很有见识的人，如果不能说服她，只怕事情难以圆满解决。

因此，郑和马上回答说：

“王后所说有理。不过，大臣管理臣民，也要得到国王的认可才行。暹罗国要代管苏门答腊与满剌加，也必须得到天朝的许可。如果您的大臣未经过您的同意就擅主国事，想必您一定要将之问罪的。现在，暹罗国未得到天朝的许可，就擅自掠夺苏门答腊与满剌加的印诰，天朝宽大为怀，不加降罪，暹罗国应该感恩才对，怎么反而有不愿奉诏之意呢？”

王后听罢，说道：

“苏门答腊、满剌加是臣于暹罗在前，而我们三国朝贡天朝在后，此事与使者所说的并不是同一种情况。”

郑和回击道：

“不论是不是同一情况，暹罗既然臣于天朝，就应该尊奉皇上的旨意。现在大明皇上有旨，命你们归还两国印诰，你们就应该奉旨归还。”

“如果我就是不还呢？”

暹罗王后说着，扬起了眉毛，俊俏的脸上全是挑衅的神情。

郑和一见，并不畏惧，而是收起诏书，坚定地说：

“那我只好回朝奏明皇上，请旨定夺。”

王后又充满挑衅地说：

“如果你们在海外有个三长两短，回不来天朝呢？”

郑和挺起胸膛，大声说道：

“我此次奉使前来，共率领大小船只249艘，随行人员两万七千余人。即便我回不来天朝，想必海神也未必会将这些人全部收走。只要有一人回到天朝，自然会代我奏明皇上。”

王后听完郑和的话，忽然大笑起来，柔声说道：

“大人您猜一猜，如果您这样奏明天朝皇帝，他会把我们怎么样呢？”

郑和傲然道：

“天威难测，我自然不知升上会如何处置。但我却知道，现在暹罗周边各国都是天朝的属国，我冒昧地问一句，若是各国知道暹罗不肯尊奉天朝旨意，公然与天朝对抗，他们会怎么样？”

这下王后沉默了，暹罗国王也一直一言不发，静静地听着。郑和心

中暗忖：这暹罗国王虽然生得颇具阳刚之气，但国家大事他看来是一点也做不了主，这个王后的决定才是最后的决定。

王后沉吟着，似乎在权衡利弊。郑和知道，她是个聪明的人，不可能听不出郑和的弦外之音。如果暹罗不肯奉诏，明王朝可能会下令暹罗周边的各个属国向暹罗发起进攻。但是，郑和也知道，如果能和平解决，就尽量不动用武力。

想到这里，郑和说道：

“差一点忘记了，我此次前来，一方面要宣读刚才的圣旨，还有一项任务就是把圣上赐予你们的东西带来。来人，把清单送给王爷过目。”

侍从中有人递过一张大红纸，递交给暹罗国王。暹罗国王命人将礼单读一下，结果暹罗国的大臣们都被这份礼单吓呆了，因为这些东西都是他们看得十分贵重却难以搜求到的东西，从中拿出任何一样，都足够在暹罗国内成为富人了。

礼单读完后，人群中发出“啧啧”的惊叹上，一位大臣甚至走上前去，在暹罗国王的面前跪下，用双手去抚摸国王的双脚，然后再抚摸自己的头。这样反复做了三遍，才站起来退下。

随后，大殿中的人一个接一个地跪上去，抚摸国王的脚，再抚摸自己的头。

郑和感到十分困惑，就问身边的通事：

“他们这是在干什么？”

通事回答说：

“这是他们最尊贵的礼节，他们是在向他们的国王表示祝贺。”

这时，王后忽然娇笑起来，推了暹罗国王一把，说道：

“你看，我们光顾说笑，都忘记请客人入席了。今天可是个喜庆的日子啊，还不请贵客入座？”

“是啊，是啊！”暹罗国王站起来，说，“想必后面已经准备好了酒席，郑大人请。”

说着，暹罗国王大踏步走下殿去，亲自在前边引路。郑和跟在后面，边走边问：

“那么刚才圣旨中所说的事，我该如何向皇上回话呢？”

暹罗国王大声说道：

“那不过是小事一桩。传令下去，立刻叫人将苏门答腊和满剌加两国的印诰送回去。”

郑和见事情得到了圆满解决，十分高兴，说道：

“王爷真是明达之人！”

（三）

暹罗国王带着郑和一行人边走边聊，不知不觉已经走到后面的一处宫殿前。这里不但屋宇壮丽，而且从屋顶到围墙都用黄金包裹着，在阳光下显得熠熠生辉。郑和等人心中不由暗暗叫绝，刚才对暹罗国的轻视之心也渐渐减少。

暹罗国王躬身相让，说道：

“今日小女阵坦之日，大人来得正巧，就请入席喝一杯喜酒吧。”

郑和不明白什么是“阵坦”，就用询问的目光注视着身边的通事。通事明白他的意思，但却缓缓地摇了摇头。涉及到地方风俗，郑和也不好发问，好在屋里已经设下酒席，郑和便与暹罗国王分宾主落座。随后，暹罗国的大臣们及郑和的随同人员也一一入座。

这时，通事来到郑和跟前，凑到他耳边说：

“大人，刚才我悄悄打听了，阵坦就是婚礼。”

郑和一听，心情顿时轻松下来。能赶上国王的女儿出嫁，说不定事情得以顺利解决还与此有关呢！谁愿意在自己女儿出嫁的日子里大动

刀兵呢？

这是郑和第一次参加外国人的婚礼，他饶有兴趣地观察着，看暹罗人的婚礼如何举行。同时，郑和也在心中暗想，看暹罗国王的相貌和身材，应该不会超过30岁，怎么他的女儿都已经到了出嫁的年龄了呢？

不一会儿，外面奏起乐来，十几位僧人走进来，簇拥着一个十二三岁眉目清秀的小伙子，赤裸着上身，仅腰间围着一条青布手巾。屋里的人纷纷起立迎接。郑和知道暹罗国宠信佛教，倒也不觉得奇怪，并随众人站了起来。

这十几位僧人年纪看起来都很大了，显然是暹罗国内大有地位的僧人。郑和心中暗想：这婚礼看来是要有僧人作法事祝福新人的，可是中间簇拥的小伙子是谁呢？

正在这时，通事又过来，悄声对郑和说：

“我刚刚又打听了一下，与众位僧人同来的就是驸马，才只有13岁，而小公主只有9岁。可能因为此地气候炎热，人发育得早，所以结婚也早。”

郑和点了点头。

这时，从宫中又走出几十位妇女，中间簇拥着一个漂亮的小姑娘，赤足穿着长衫。显然，这就是小公主了。

接着，在十几位僧人的主持下，婚礼顺利地举行。老僧人口中喃喃地念着大吉大利等祝福词，人们将小伙子与小姑娘推到一起，两人的脸都涨得通红，显得十分秀丽。

酒宴结束后，暹罗国王特意派出一队人马护送郑和回船，还再三对郑和说，按照本地风俗，三天后他还要为他的女儿、女婿举行盛大的宴会。而后，他的女儿就要随丈夫一起到夫家去生活了。到时，他还要请郑和光临喝酒，对郑和一行的态度与他们刚来时截然相反。

在暹罗期间，郑和的船队还与当地人进行了贸易活动。而且，郑和还派人教暹罗人烧制陶器、晒盐、开垦梯田等，让暹罗人受益匪浅。后来，为了纪念郑和，暹罗人根据当地人对卧佛的崇敬建造了一座郑和庙，雕塑了一座10多米长的郑和卧像。

离开暹罗后，郑和的船队又经过了几个国家，一路上受到各国的热烈欢迎。尤其是满剌加，因为郑和帮助他们摆脱了暹罗国的压迫，他们简直将中国的使者当成了自己的大恩人。

第十二章 三下西洋

澳大利亚人十分器重像郑和这样的航海家，我们感到遗憾的是，他没继续向南方航行，把澳大利亚的发现记载在他的功劳簿上。

——澳大利亚墨尔本学者吉夫·米乐和

（一）

郑和的船队离开暹罗后，继续向南航行，访问了东南亚的一些国家后，自苏门答腊顺风航行了12个昼夜，又经满剌加海峡进入印度洋，来到了印度洋半岛西南端的一个重要港口——柯枝国。

柯枝国气候宜人，雨量充沛，盛产胡椒、珍珠和宝石。郑和的船队抵岸后，柯枝国王等都在岸边热烈迎接。

郑和代表永乐皇帝向柯枝国王宣读了诏书，随后，船队与柯枝商人进行了大批量的贸易活动，并大量收购了柯枝的胡椒、珍珠和宝石等。从未见过这么大方的客人与他们进行如此大宗的买卖，柯枝商人高兴极了，心中对中国的富有充满了羡慕。

访问柯枝以后，郑和的船队又直奔印度半岛南部的锡兰山。

锡兰山，古代又称师子国，即今天的斯里兰卡。这个国家的国教是佛教，作为佛教圣地，历史悠久。相传，这里是佛祖释迦摩尼传教和涅槃的地方。在海边的山脚下还有一块石头，上面有一个巨大的脚印，相传就是佛祖在此留下的。山脚的左侧还有一座卧佛寺，内有一尊佛祖侧卧像，底座用沉香木制成，周边镶嵌着许多宝石，极为华丽，据说这里就是佛祖涅槃的地方。

郑和是回族人，信奉伊斯兰教，但也尊重各地的宗教信仰，而且对佛教也十分信奉。这次奉命来使，为了加深与当地人的感情，增进彼此的了解，郑和对锡兰山佛寺布施了大量供品，并且还立《布施锡兰山佛寺碑》记载此事。碑文写道：

> 大明皇帝遣太监郑和、王贵通等，昭告于佛世尊曰：仰惟慈尊，圆明广大，道臻玄妙，法济群伦，历劫沙河，悉归弘化，能仁慧力，妙应无方。惟锡兰山介乎海南，言言梵刹，灵感翕彰。比者遣使诏谕诸番，海道口开，深赖慈佑，人舟安利，来往无虞。永惟大德，礼用报施。谨以金银、织金丝宝幡、香炉、花瓶、表里、灯烛等物，布施佛寺，以充供养，惟世尊鉴之。总计布施锡兰山立佛立寺供养金一千钱，银五千钱，各色丝五十匹，织金丝宝幡四对，红二对，黄一对，青一对；古铜香炉五个，戗金座金卒金朱红金香炉五个，金莲花五对，香油一千五百斤，蜡烛一十对，檀香一十炷。永乐七年岁次已丑二月甲戌朔日谨施。

这块石碑于1911年在锡兰山的迦里镇被发现，如今保存在科伦坡博物馆中，碑文是用汉文、泰米尔文及波斯文刻写的。现在仅有汉文尚存，其他两种文字已大半模糊不清了。这块石碑不仅是郑和下西洋的实物见证，同时也是中国与斯里兰卡两国友好关系史上的一件珍贵文物。

永乐七年夏末，郑和的船队在第二次下西洋历时近两年后，完成了使命，回到刘家港。

（二）

同上次一样，郑和第二次下西洋的船队还没有回到刘家港，永乐皇帝就已经确定好了第三次出航的计划，甚至连准备工作都提前做好了。

郑和第二次出航回国没多久，诏令就下来了。永乐七年（1409）九月，正使钦差郑和与副使王景弘再次率领官兵2.7万余人、48艘大型宝船与100多艘中小型船只，浩浩荡荡地开始了第三次远航。这次远航虽然是轻车熟路，但又历经近两年的时间，其中的辛苦可想而知。

这次下西洋的主要目的，还是代表永乐皇帝前往各国宣读诏书，分发永乐皇帝给予各国的赏赐。船队从太仓刘家港出发后，于当年十月到达福建长乐太平港停泊，十二月于福建五虎门正式出洋前往各国。此次所出使的国家，包括古里、满剌加、苏门答腊、阿鲁、加异勒、爪哇、暹罗、占城、柯枝、阿拔把丹、小柯兰、南巫里、甘巴里诸国。

船队的第一站仍然是占城。照例，占城举国隆重欢迎，热闹非凡。郑和七下西洋，七访占城，巩固了中国与占城的友好关系。

船队离开占城前往的下一站是真腊国，也就是今天的柬埔寨。真腊虽然是个小国，但物产丰富，盛产象牙、犀角等名贵物产。郑和第二次下西洋时，曾经派遣部分官员访问过这里。这次大队到来，更是受到真腊国王及臣民的热烈欢迎，国王还陪同郑和参观了著名的吴哥古迹。

吴哥古迹创建于公元800年，与中国的长城、埃及的金字塔、印度的婆罗浮屠并称为东方四大奇迹。这里是真腊国的政治、经济、宗教和文化中心。吴哥古迹由吴哥窟、大吴哥窟及女王宫等大小600座石砌的建筑和雕塑组成，其主体建筑——五座尖塔，更是真腊国的象征。

离开真腊后，郑和船队的下一站是满剌加。本来船队第三次下西洋的最主要目的地是位于从印度进入波斯湾的格什姆岛，当时名叫忽鲁谟斯国。这是个战略地位非常重要的地方，永乐皇帝此次派郑和远行的主要目的就是访问西亚各国，可上一次暹罗之行并没有完全解决问题，满剌加等国仍然经常被暹罗威胁。所以，郑和此次必须还要帮助满剌加建立一个真正自主独立的国家，以确保这一地区的和平安定，以及船队下西洋道路的畅通无阻。

满剌加也就是今天马来西亚的马六甲，它原本并非一个国家，而是许多松散的部落，受暹罗控制。郑和第一次下西洋那年（1405），满剌加的一个酋长来到中国，朱棣诏封他为满剌加国王。

但是，暹罗国不顾明朝政府的劝阻，仍然经常肆意欺凌满剌加。为了使满剌加能够独立自主，不受暹罗的威胁和欺辱，郑和三峡西洋，都特意来到满剌加，宣读永乐皇帝的诏谕，赐予满剌加国王双台银印、冠带袍服。此后，暹罗便再也不敢侵扰满剌加了。

满剌加地处太平洋与印度洋的咽喉要冲，是郑和下西洋前往印度洋西海岸地区的必经之路。郑和一行要遍访诸国，有时必须兵分几路前往，为此也需要在满剌加建立一个中转基地。

由于满剌加地处南洋与印度洋的要冲，中满关系又十分亲密，郑和便在满剌加的支持下，在这里建立了一座官仓。

官仓是一座仓廒式的小城，周边围上栅栏，四角设有更鼓楼。作为航行补给和运输的中继，这个中转基地对下西洋的贸易番货、待时回航等各方面都起着重要作用。郑和的使团七下西洋，有五次都是在这里停留休整补充供给的。

满剌加在明朝政府的支持下赢得了独立，国王拜里迷苏剌对明朝政府十分感激。1411年夏，他协同妻子及大臣等540余人，随同郑和的船队来到中国访问，在中国停留了两个多月，永乐皇帝给予了其隆重的接待。

从此，满刺加在中国的支持下独立发展达117年之久。时至今日，马六甲当地还保留着许多郑和船队的遗迹、遗物及民间传说。

（三）

离开满刺加后，郑和本来打算率领前往此次出行的目的地忽鲁谟斯国，但这一计划中途却被一场意外打断了。这件意外就发生在郑和到访锡兰山的时候。

锡兰山（今斯里兰卡）是位于印度半岛南端的一个岛国。全岛的中央都是山脉和高地，整个岛国位处于海上交通要道，是郑和继续西行的必经之路。

然而，锡兰山国王亚烈苦奈儿却是个贪得无厌的家伙。平时，他借助锡兰山的有利位置，经常劫掠往来经商的船队。郑和两次到锡兰山出访，锡兰山国王的态度都十分傲慢，甚至有加害郑和的企图。

永乐皇帝认为，如果锡兰山的问题不能得到完全解决，就难以打通明朝船队通往远方的道路。所以，这次郑和是在永乐皇帝的支持下再次出访锡兰山，而这也是郑和第三次的锡兰山之行了。

与各地盛大的欢迎场面形成鲜明的对照，锡兰山国王对郑和的此次到来并没有亲自迎接，迎接郑和的是锡兰山国的王子。而郑和也第一次端起使臣的架子，没有下船，直接命王子上船相见。

当锡兰国王子向郑和叩拜时，郑和不仅没有还礼，连身子都没欠，只是爱理不理地应付了一番，以回击锡兰国王对自己的轻视。

次日一早，郑和便点起两千人马随自己上岸，一同向锡兰山都城进发。锡兰山是个多山的国家，从海岸到都城的路线虽然不远，但中间要经过几个山口，道路并不好走。郑和此一次出使时曾到过锡兰山的都城，但当时是在锡兰山国王的陪同下，乘坐当地的大象去的，一路上只觉得风光秀丽，并没有注意到山路难行。

此次走来，郑和才发现这里几乎处处都有险阻，一夫当关、万夫莫开的地方也着实有那么几处。为保险起见，郑和一面派出哨探，远远地走在部队前面打探，一面命部队放慢前进速度，保证安全第一。

在通过几处山口后，队伍终于到达了平坦的地方。忽然前方哨探来报，说锡兰山王子已经在山脚处迎接了。

可当部队前进到山脚边时，郑和才发现，锡兰山王子原来是带了五千人马前来索取他们从大明朝带来的金币财物的。

郑和大怒，正要发作，忽然有人来报，称锡兰山国王已经趁郑和离开船队之机，亲自率领五万人马向郑和的船队发起进攻。同时，为了阻断郑和与船队的联系，他们还在郑和通往船队的各个路口筑垒伐木，派兵阻拦。

郑和虽然陷入腹背受敌的境地，但他绝对不能在这里等死。打定主意后，郑和命令弓箭手、盾牌手压后，大部队沿原路退回。如果锡兰山王子从正面发起进攻，就立即乱箭齐发。

看郑和的部队后退，锡兰山王子的部队也整队跟着前进，但他们与郑和的部队始终保持着一定的距离，并不追得太近，更没有发起进攻的意思。郑和见状，传令走在前头的部队加倍小心，注意敌人的埋伏。

当部队转过第一个山口时，郑和听到士兵们一阵惊呼，抬头一看，心中不禁暗暗叫苦。

原来，这里的路本来是在两座山中间穿过去的，此时只见路上横七竖八地堆起了巨大的木石，几乎与两边的大山同高，将道路堵得死死的。很显然，敌人是在郑和的部队通过之后，从两边的山上将事先准备好的木石推下来的。

郑和见前无去路，便命令部队在谷口扎住，然后将几名千户召集到面前，说道：

“敌人大举进攻我们的船队，其后方一定空虚。如果我没猜错的话，王子所率领的这支人马就是他们最后的力量。现在，我们的退路已断，退回船上是不可能了，与王子的部队直接作战，敌众我寡，获胜的可能性也不大。

我认为，我们应该乘着天黑，从旁边的那条山路绕过前面王子的人马，去进攻他们的都城。占据了他们的都城，劫了他们的王宫，我要看看他们回不回兵救援！”

（四）

锡兰山王子的部队一直都在防备着郑和的人马向船上退去，在通往海边的各条路口都派有暗哨。可他们万万没想到，郑和会不退反进，向他们的都城发起进攻。在通往都城的道路上，他们都没有设置暗哨，所以，郑和的部队行进得非常顺利，神不知鬼不觉地就来到了锡兰山都城之下，并向都城发起了进攻。

本来这次进攻郑和的船队，锡兰山国内的全部精兵都被调走了，守城的只剩下几百名老弱残兵，再加上没有及时发现郑和的部队到来，在郑和部队的攻击之下，守城士兵很快就四散溃逃，郑和的大部队顺利地涌入城中。

城里顿时乱作一团。郑和传下命令，主力部队向王宫冲去，一定要迅速拿下王宫，生擒国王的家人，以便用来作人质。

城里的部队很少，根本无法与郑和带领的两千名精兵抗衡，所以郑和的人马很快就攻下了王宫。郑和又命令入宫的千户们一起去搜查王宫，活捉国王的家人。而令郑和万万没想到的是，锡兰山国王竟然也在王宫之中，被郑和逮了个正着。

原来，锡兰山国王虽然为人贪婪，却又胆小怕事，根本没胆子亲临战阵。为了鼓舞士气，他才叫人传出消息，说由他亲自带兵攻打郑和的船队，其实他就躲在宫中，等着外面的消息。

郑和命人将国王和王后都捆了起来，然后命令锡兰山国王，要他马上将进攻船队的部队撤回，并听从郑和的发落，否则就立即杀了他。国王无奈，只好下令撤兵。

随后，郑和的部队又押着亚烈苦奈儿乘胜杀了个回马枪，将撤退回来的敌军打得四散奔逃，只好纷纷放下武器，向明军投降。

郑和当场释放了投降的将士兵卒，只将亚烈苦奈儿和几个重要官属扣留在船上，然后离开锡兰山国，继续访问其他地区。

不过，由于船上押着俘虏，郑和不得不提前结束此次出访。永乐九年（1411）六月，郑和押解着亚烈苦奈儿及其家属，由海外返回中国，结束了第三次下西洋活动。

回国之后，郑和将此次事情的经过向永乐皇帝作了详细的汇报。而对于如何处置亚烈苦奈儿，自从郑和回朝后，大臣们便开始讨论，多数大臣还上表永乐皇帝，认为应该将亚烈苦奈儿问斩，起到杀一儆百的作用。

但朱棣与大家的看法却不一样，他在一次早朝时对大臣们说：

“远方的夷人都无法无天惯了，对他们也不能要求得太严格。郑和能生擒亚烈苦奈儿回朝，就足以震慑各国，让心怀异志的人不敢再轻举妄动。

如今，亚烈苦奈儿只是一介阶下囚，杀与不杀都不会产生太大影响，倒不如放了，让西洋各国感觉到我们的宽广胸怀。”

此后不久，永乐皇帝便下诏，派使臣再次前往锡兰山国，封耶巴乃那为锡兰山国的新国王，并顺便将亚烈苦奈儿送回国去。从此，锡兰山国的问题得到了妥善解决。

郑和的几番出使，先后慑服了不肯听命于大明朝的旧港、锡兰山，西洋的两大强国爪哇和暹罗，也是一个献上黄金赎罪，一个低头认错，完全扫平了西洋各地与明王朝对抗的力量，使得大明王朝与西洋的和平友好往来得到了进一步的发展。与此同时，郑和船队此后通往西亚的道路也畅通无阻了。

第十三章　回乡省亲

七度下邻邦，有名胜迹传异域；三宝驾慈航，万国衣冠邦故乡。

——佚名

（一）

郑和已经先后三次下西洋了，而且每次所带船只都超过200艘，所带船员都在两万人以上。虽然大明朝国力强盛，奉命出使海外的大有人在，可从规模上讲，却没有一个人能与郑和的船队相比。

郑和第一次出使西洋，是在永乐三年出发的，至永乐五年九月回国，先后历时两年多；第二次出使自永乐五年出发，至永乐七年才回朝，前后也将近两年；第三次出使自永乐七年出发，至永乐九年始回国，历时一年半。对于海上生活，郑和是由开始的不习惯到习惯，最后渐渐变成了喜欢。

永乐九年，郑和第三次出使西洋归国。在向永乐皇帝汇报完行程经过之后，他向永乐皇帝申请回乡祭祖。

永乐皇帝立即批准了郑和的申请。在他看来，郑和是自己的亲信，也应该让他尝尝衣锦还乡的滋味了，况且距离下一次出使还有一段时

间，让郑和闲在宫中，他也实在不知道应派他做些什么。

郑和在离开家乡近30年后，于永乐九年十一月又回到了云南昆阳州。当时，在昆阳州还没有比郑和品级更高的官员，作为一名宫中的大太监回乡祭祖，自然应该是有很多排场的。但郑和一律不用，直接轻装简从地回到家中。

当然，马家也没有对这件事大加宣扬。虽然郑和的官品相当高，从这点上来看，他回乡祭祖正是马家可以引以为荣的大事，但在马家看来，郑和身为太监就是一种耻辱，官品再高，也没什么值得炫耀的。

当两兄弟面对面地站在一起时，郑和穿着他已经穿惯了的太监服饰，而马文铭则像当地其他管理清真寺的回回头面人物一样，穿着白色的阿拉伯式样的大袍子，头上缠着白色的头巾，并且也像他们的父亲一样，留起了长须；郑和却因为生理原因，30多岁还是颏下光光。他们相互对望着，心里都产生了一种陌生感，这种陌生感将一直温馨地留在他们心中的亲情驱散得无影无踪。

马文铭的妻子与孩子们，本来也兴高采烈地准备与这个从未谋面的亲人相认，可一见郑和的打扮，笑容都僵化在他们的脸上。他们觉得，郑和不像是马文铭的弟弟，因为他的打扮根本就不像一个回回。而郑和也不知道该与这位头戴盖头的嫂子说些什么。

在马家，会亲就是在这种不得不进行，双方却又都不情愿的气氛中进行的。郑和甚至有点为自己此次回乡的行为感到后悔。马文铭索性连亲戚们都没通知，他觉得，让大家都看到郑和这身打扮，有损于他们马家在当地穆斯林中的声望。而郑和也不想见一些令他感到尴尬的人。

十一月十二日，郑和在马文铭的陪同下，来到城外父亲的坟前。父亲马哈只的坟前已经立起了一座大碑，上面刻着：

公字哈只，姓马氏，世为云南昆阳州人。祖拜颜，妣马氏，父哈只，母温氏。公生而魁岸奇伟，风裁凛凛可畏，不肯枉己附人，人有过，辄面斥无隐。性尤好善，遇贫困及鳏寡无依者，恒护周给，未尝有倦容，以故乡党靡不称公为长者。娶温氏，有妇德。子男二人，长文铭，次和；女四人。和自幼有材志，事今天子，赐姓郑，为内官太监。公勤明敏，谦恭谨密，不避劳勤，缙绅咸称誉焉。呜呼！观其子而公之积累于平日与义方之训可见矣。公生于甲申年十二月初九日，卒于洪武壬戌七月初三日，享年三十九岁。长子文铭，奉柩安厝于宝山乡和代村之原，礼也。铭曰：身处乎边陲，而服礼义之习；分安乎民庶，而存惠泽之施；宜其余庆深长，而有子光显于当时也。

永乐三年端阳日，资善大夫礼部尚书兼左春坊大学士李至刚撰。

郑和抚摸着父亲的碑文，这是在永乐三年，他第一次出使西洋之前，请当时的礼部尚书李至刚为父亲撰写的墓志铭，后来又派人送回家中，让哥哥马文铭代自己为父亲立碑。

回到家后，郑和觉得与哥哥嫂子实在没什么共同语言，加上再次出使的时日也一天天临近，他在家中住了不到一个月，便匆匆赶回南京。

（二）

郑和的前三次出使，先后去过占城、爪哇、苏门答腊、满剌加、旧港、锡兰山、古里、暹罗、柯枝、小葛兰、阿拔把丹、南巫里、甘巴里等国，大明王朝与西洋、南洋各国的友好关系也达到了前所未有的水平，曾有满剌加、渤泥两国的国王亲自到南京朝见永乐皇帝，这种番王入京朝见的盛事古今罕见，群臣纷纷上表向永乐皇帝称贺。

可是，永乐皇帝在高兴之余，也心事满腹。因为郑和几次出使各国还有一个重要的目的，就是寻找失踪多年的建文帝。十几年过去了，永乐皇帝一直都没有建文帝的消息，这让他深感不安。

为了在国内加强对建文帝的搜寻工作，在此期间，大明王朝还设立了一种新的机构：东厂。开始时，这个机构不过是一个由太监统领的不太起眼的组织，其头领在明朝政府组织中也没多大的地位。可随着时间的推移，东厂竟然发展成为明代政府组织中的一种特色机构，成为太监专权的工具，也成为大明朝人人闻之色变的恐怖机构。

永乐十年十一月，郑和受命第四次出使西洋各国。此次出使前，郑和十分慎重地提出，他想请一名精通伊斯兰教的人随同他一同出使。郑和认为，他三次下西洋，已经将与大明朝距离较近的十几个国家都搜寻过了，并没有建文帝的影踪，因此这次出使，他打算前往更西的地方。而更西的地方都是以伊斯兰教为国教的国家，他必须找一个精通伊斯兰教的人作为顾问，这样才更有利于与各国进行沟通。永乐皇帝很痛快地答应了郑和的请求，并让他自行寻找合适的人选。

经过仔细认真的寻觅，郑和最终在西安找到了一位精通伊斯兰教的人。巧的是，这个人正是郑和父亲的挚友哈桑。

哈桑当年曾约郑和的父亲马哈只一同去麦加朝觐，马哈只没有去，他就一个人出海去了麦加。朝觐结束后，他想到国内的战乱可能一时还不能平定，再说自己来一次麦加实在不容易，不如多学点宗教知识后再回国。因此，他就在西亚各宗教名城中往来游学。

哈桑与郑和的父亲马哈只一样，都是自小学习阿拉伯语，所以在西亚生活也不存在语言障碍。各地的宗教学者见他从中国而来，实在难得，精神可嘉，也都对他格外照顾。

从学于当时西亚数名学识渊博的学者后，当哈桑回国时，他已经是一位对伊斯兰教十分博学，即便在西亚也是不可多得的人物了。

郑和向哈桑叙述了自己这些年的生活状况，并告诉哈桑，他现在的任务是再一次出使西洋各国，这次到西安来，就是要寻找一位精通伊斯兰教的人与他一同出使西洋各国。现在，几乎各个清真寺的人都称赞哈桑博学多识，所以他才慕名而来，没想到见到的竟然是哈桑伯伯。

哈桑一听郑和在寻找一同出使西洋的人，便自告奋勇地说：

“三保，若是你认为哈桑伯伯可以担此重任的话，我倒是十分愿意随你到西洋走一趟。”

郑和听了，真是欣喜万分。他本来也是希望哈桑能与自己一起出使西洋的，但看到哈桑已经60多岁，实在不忍心让他放弃在家中安享晚年的机会，跟自己辛苦远涉重洋。现在，哈桑竟主动要求跟随郑和前往，郑和一时竟然不知说什么才好。

（三）

永乐十年（1412）十一月，郑和奉命准备第四次出使西洋各国。但由于寻访不到一位精通伊斯兰教的人，他耽误了很久。当他在西安遇到哈桑时，当年的季风已经过去多日了，无奈之下，他只好等到第二年，也就是永乐十一年（1413），东北季风再次刮起的时候，才在这年的十一月扬帆南下。

不过，此次哈桑的到来让郑和增加了出使的信心。以前，船队中缺少这方面的人才，郑和担心因为宗教问题引起国家之间的争端，影响正常的友好往来，所以他前三次出使都是到古里这里一个半佛教、半伊斯兰教国家而止，从未出使过以伊斯兰教为国教的国家。

另外一个原因就是纯技术方面的。当时的海船行驶主要靠风力，郑和船队每次都要等到合适的季风才能出行，同样，也要有合适的季风才能回国。在同一次季风中，船队最西也只能到达古里，再向更西的地方行驶，必须等到下一年同样的季风刮起时，船队才能顺风而行。这就令船队需要在海外停留更长的时间。这些相关问题解决不了，西行的条件也就达不到。

在第三次出使西洋时，郑和的船队来到满剌加。当时郑和就已经在考虑日后继续向更西方向出使的问题了，并认为最好的方法就是在满剌加建立一个中转站，这样船队往来就可以在这里候风。

郑和之所以选择在满剌加建立中转站，一方面是因为满剌加所处的地理位置最合适，另一方面是因为在当地各国中，满剌加与明王朝的关系最为密切。在那里建立中转站，安全方面不会有问题。

满剌加原名为五屿，也根本不是一个国家，只是因为这里有五大岛屿，所以才有了这样的称呼而已。当地是暹罗的属国，每年都要向暹罗进贡。永乐三年，朱棣封这里的酋长为满剌加国王，从此摆脱了暹罗的控制，成为独立的国家。也因为满剌加是靠明朝的支持才得以独立，所以对明王朝比其他各国都要亲近。

郑和出使这里，当他向国王拜里迷苏剌提出，希望可以得到一块土地，以便能建立一个小城堡，可以作为自己出使的中转站时，拜里迷苏剌一口答应下来，并告诉郑和，在他的国家内，郑和可以任意选择地点，面积大小自己决定，只要事后通知他一声就行了。

于是，郑和就在靠近海岸的地方选择了一块空地，建立起一座木栅城堡，并有四个城门。考虑到安全问题，郑和还在城堡内修建了另一道城墙。在内城中，才建立起一排排的营房与仓库，然后将下西洋所需的给养与财物等全部存放在这里，还留下相当一部分士兵镇守。

这一次出使西洋，郑和还是按照自己前几次已经走惯了的旧路，从福建五虎门出发，第一站前往占城，而后经过爪哇、旧港等地，来到满剌加。在满剌加休整一段时间后，郑和便准备率领船队向更西的地方驶去。

就在这时，朝中传来圣旨，称苏门答腊不知为何发生了内乱，永乐皇帝命郑和顺便去处理一下。

第十四章　苏门平叛

随三宝南来泗水，拓开鸿业光海国；念双阳，北望泉山，凝聚众心系乡关。

——佚名

（一）

在苏门答腊的西边，有一个小国家名叫那孤儿。由于当地男子都有在脸上刺花纹的习惯，故而也叫花面国。花面国虽然国小人少，但首领花面王却是个贪婪好战的家伙，常常对苏门答腊发动战争。

这一次郑和接到圣旨，前往苏门答腊处理内乱，也是因为花面国的侵扰所致。当郑和的船队到达苏门答腊时，苏门答腊国内早已到处都变成了战场。郑和的船队一靠岸，消息就在当地百姓中传开了。很多百姓就像盼来了救星一样，纷纷来到海边，请求郑和保护他们。

郑和请几批百姓上船来问，他们的国家到底发生了什么内乱。在这些百姓中，刚好有一个当地的小官员，对事情了解得比较详细，认真地讲给郑和听，郑和这才弄明白。

原来，大约在十几年前，花面国劫掠了苏门答腊国境的村庄，苏门答腊国王亲自率兵迎战。本来是苏门答腊的部队占据了上风，可在追杀花面国士兵时中了埋伏，苏门答腊国王中了冷箭，部队也被花面国打得大败。

部队溃败下来后，士兵们才发现，苏门答腊国王所中的箭上有毒。由于救治不及时，国王就此去世了。花面国本来不过是想掠夺一些财物，没想到误打误撞，竟然杀掉了苏门答腊国王，于是又大举起兵，向苏门答腊国内杀来。

当时，国王虽然有一个儿子，但尚在襁褓之中，不能主持国事。于是王后向全国传谕：谁能打败花面国的进攻，她就嫁给他，与他一同执掌国政。

消息传出后，一位渔翁来见王后，说他可以打败花面国的进攻，只是不知王后所说是否言而有信。王后当即许诺，命他带兵出征。

可是，苏门答腊国的部队都不肯服从渔翁的指挥，随他去攻打花面国。没想到这渔翁在当地极有号召力，竟然不用官兵，自己回乡召集一众乡亲，打败了花面国的进攻。

随后，渔翁来到王宫，要求王后兑现诺言。王后见他势力很大，也不敢违约，就与他成亲，并让他主持苏门答腊的国事。

从此，这个渔翁就执掌了苏门答腊的国事，国中人都称呼他为“老王”。而老王也曾于永乐七年时派遣使者前往大明朝，向永乐皇帝朝贡。永乐皇帝接待了使者，并加封老王，承认了他的苏门答腊国的统治。

然而，老王的地位并不稳固，前国王的儿子长大成人后，竟然在大臣们的挑唆之下，暗杀了老王，夺取了王位。老王的儿子苏干剌不服，因此率领老王的旧部进攻新王。前国王的旧臣们本来就不愿意服从老王，现在见新王夺权，也都纷纷起兵支持新王，与苏干剌对抗。双方实力相当，拼杀得十分激烈。

郑和刚刚弄清事情的原委，新国王就已经得知郑和来到苏门答腊，亲自到海上迎接，上船叩见。

郑和向新国王问及苏门答腊内乱的事情，新国王说，老王是病死的，此后理应由他继承王位。而苏干剌阴谋夺位，竟然散布谣言，说他害死了老王，煽动愚民叛乱，实在罪不容诛，并请郑和明察。

郑和说：

“我自然是要明察的，只是你现在也不要轻易开战，待我查明真相后再行定夺。”

二人又交谈了一会儿，新国王便告辞离开。

（二）

新国王刚刚走没多久，已故老王的儿子苏干剌便派使者来见郑和。使者在向郑和施礼后，便向郑和分辨说，是新王害死了老王，新王有弑君治罪，请郑和做主，为老王报仇；并说，苏干剌决不敢觊觎王位，只想报杀父之仇，待平乱之后，任凭大明朝选立国王，苏干剌绝对不敢有任何异议。

郑和听罢，缓缓说道；

“弑君是十恶不赦之罪，任何人犯有此罪，本使都不会轻饶。你回去告诉苏干剌，命他将人证物证交上来，我为他做主。”

苏干剌的使者大喜，连连叩头而去。

副使王景弘望着使者远去的背影，问郑和道：

“大人，他们是不是真的有证据？”

郑和笑着说：

“我看未必。”

果然，第二天，这位苏干剌的使者又愁眉苦脸地来到郑和船上，对郑和说：

“大人，新王已经占据王宫很久了，就算有证据证明是他杀害了老王，证据也早被他销毁了。还请大人明察。”

郑和说道：

“没有证据，事情就不好办了。我是大明朝的使者，总不能根据你们的一面之词就将新王治罪吧？我看不如这样吧，让苏干剌罢兵，这里由新王统治，而我用船队将你们带到其他地方，让新王也不能加害你们，这样可好？”

使者说：

“小人做不了主，要回去请示主人才行。”

让郑和没想到的是，第二天，新王便派人向郑和报告，说苏干剌的部队已经乘他的部队休战之机，从小路开到他的都城下，向他的都城发动了进攻，请郑大人帮助。

副使王景弘请示道：

“大人，我们是不是参战？”

这个结果是郑和事先没有料到的，他没想到苏干剌的行动这么快，居然背着他向新王发起进攻，于是若有所思地说：

“现在看来，新王所说应该是正确的，老王的确是病死的，倒是这苏干剌借机作乱。不论如何，新王能听从我们的吩咐休战，而苏干剌却不理会我们的命令，我们自然要帮助新王去打苏干剌了。”

接着，郑和又转向来报信的人问道：

“苏干剌的部队有多少人？”

“大概有几万人吧。”

郑和听完，又对王景弘说道：

“王大人，敌人势大，我军必须全部出动。为了防止敌人偷袭船队，在我带领部队上岸后，你就率领船队向海上开去，在那里等待我的信号。不论岸上发生什么，你都一定要见到信号再靠岸接我们；如果两天后仍无信号，你就带领船队回满剌加。”

随后，郑和将船上所有能参战的人全部调集上岸，集合了近两万人

马，向苏门答腊的都城开去。

郑和一面派哨探前去打探消息，一面催促部队快速前进。事到如今，他已经不希望苏干剌夺得苏门答腊国的政权了。在与苏干剌派来的使者的谈话中，他也透露出命苏干剌退位的意思，如果苏干剌获胜，成为苏门答腊的国王，就一定会对大明朝心怀不满。

这时，哨探来报，称大约还要十里路就穿过前面的树林到达都城了，那里就是两军作战的战场。郑和一面命令部队迅速穿越树林，一面命人准备在林中撒下大量的硫磺等引火之物，并在林子外留下100名士兵，由一名百户率领。

郑和吩咐这名百户，当他估计着郑和的部队已经穿过林子时，就命令手下士兵向林中放火箭，并将他们带的箭放完为止。箭放完后，他们就返回海边藏起来，其他什么都不用管。

随后，郑和率领部队悄悄穿过树林。由于有树林掩护，郑和的部队出其不意地出现在苏干剌部队的后方，向他们发起了进攻。

苏干剌早已想到郑和会帮助新王，因此当被郑和的部队围攻时，他立即命令部下吹起号角，数万人马立即停止攻城，向两边退去，躲开郑和的人马。

新王见郑和的部队前来帮助自己，心中大喜，忙命手下打开城门，迎接郑和的部队进城。就在这时，苏干剌的号角声再次响起，他的人马从两面向郑和的部队扑来。郑和见状，立即派通事进城传令，命新王关上城门，以防苏干剌的部队乘机进城，而他则指挥自己的部队在城外迎接苏干剌。

苏干剌本来以为郑和会率队进城，这样他就会命人将早已准备好的竹栅栏推过来，拦住他们出城的道路，随后派小队在这里截杀郑和，自己则率领主力去进攻郑和的船队。可他没想到，郑和会在城外与他的部队展开决战。

（三）

苏干剌见郑和没有入城，而是与自己对峙作战，便命令手下一名猛将，让他率领部队从侧翼冲过去，直接夺取城门。夺下城门后，也不进城，而是守住城门，接应他的大部队进城。

这时有人来报，称城门已经关闭。苏干剌一听，大笑道：

“这么说，郑和已经没有退路了，这明显是要与我们决一死战啊。”

苏干剌正在思索该如何对付郑和，忽然又有人来报，说他们后面的树林着火了。

“怎么回事？是不是林中还有郑和的部队？”苏干剌问道。

“一定是。否则还有谁会在我们的后面放火呢？”身边的人纷纷推测。

林中的火越烧越旺，整片树林很快就烧着了，火光映红了半边天。正在战斗的士兵在大火的烘烤下，已经热得汗流浃背。苏干剌的部队距离树林较近，此时已经热得受不了了。

与此同时，郑和的队伍也发现了火光，郑和遂下令自己的部队也马上向苏干剌部放起火箭。一时间，苏干剌的身边变成了一片火海。

苏干剌的部队已经顾不上向郑和的部队冲杀了，纷纷向着没有着火的地方溃逃。火焰冲天，烟雾呛得人连连咳嗽，眼泪直流，苏干剌的部队已经完全失去了战斗力。

就在这时，一名头目气急败坏地跑过来，大声喊道：

“大王，我们的竹栅栏也被火引着了，郑和的部队已经向我们两侧冲去，看样子是想包围我们。大王快走吧，再不走就来不及了！”

众人一听，急忙簇拥着苏干剌向战场左翼落荒而走。

城内的新王见苏干剌的部队已经溃逃，忙命人打开城门，亲自率领人马出城援助郑和。新王的部队一参战，郑和部队人数不足的境况马上得到弥补，苏干剌的部队几乎被全部歼灭，但苏干剌却逃走了。

郑和见没有找到苏干剌，十分担心。在郑和看来，苏干剌并不可怕，可他的父亲老王在为王之前就在苏门答腊民间极具号召力。现在老王虽然死了，可百姓中都传说老王是被新王害死的。现在苏干剌逃走，日后也很可能会利用民众对他父亲的崇敬心理东山再起。

想到这里，郑和觉得，一定要将苏干剌活捉或除掉。

新王的想法与郑和相同。郑和问新王：

“从都城向东、西两侧，共有几条路？”

“只有两条路。”新王答道。

“都是通向哪里的？”

“东南的一条通向海岸，西面的一条是通向南渤泥国的。”

郑和一听，马上命令一支人马向通往南渤泥方向的路上追去。郑和知道，苏干剌的部队虽然人数较多，但他拥有的船只却较少，水战实力抵不住大明朝的船队，所以失败后肯定不会向海边逃走，而是从陆地向南渤泥方向逃去。

郑和的部队一直追到南渤泥国境内，才追上苏干剌。南渤泥国虽然对有人侵入自己的国家感到不满，但在弄清事情原委后，也表示不会干涉郑和与苏干剌之间的争斗。何况，大明朝在西洋各国中的威望日增，郑和生擒锡兰国王的事情还在各国流传，南渤泥国也不想与郑和为敌。

在南渤泥国境内，郑和的部队经过拼杀，终于活捉了苏干剌，并将其押送到郑和的船上。不久，郑和便率领船队离开苏门答腊，返回满剌加。

苏干剌问题的圆满解决，不仅有利于该地区的和平与稳定，也解决了郑和船队下西洋的后顾之忧。

在下西洋的28年间，郑和在马来西亚留下了很多遗址。比如，马六甲市有一座以郑和俗名命名的“三宝山”，三宝山下有三宝庙，马六甲市还流传着这样一种说法：凡是到该庙敬拜过的官员都能平步青云，郑和在马来西亚的影响由此可见一斑。此外，在东南亚沿海各国仍保留有许多的“三宝庙”“三宝垄”“三宝井”等，以此来纪念郑和的丰功伟绩。

第十五章　挺进伊朗

继张班产功于异域，开哥麦探险先河。

——佚名

（一）

船队在满剌加休整几天，将出海需要的物资运上船后，便继续出发了。沿着以往走过的路线，船队从满剌加到锡兰山，从锡兰山到柯枝，从柯枝到古里，而后，他们终于踏上了新的征程，向着位于波斯湾的忽鲁谟斯国而去。

当船队驶出马六甲海峡时，正处于印度洋赤道线上。行驶没几天，船队就遭遇了特大的飓风袭击。整个海面上乌云滚滚，大雨滂沱，恶浪排山倒海一般袭击过来。船板发出“嘎吱嘎吱”的响声，有的船只桅杆也被折断了，有的船板还漏了水，船队被飓风打得七零八落，互相联系不上。绝望与恐惧一下子袭上所有船员的心头。

在这巨大的考验面前，郑和沉着冷静。他知道，在此时，当所有人都被一种恐惧慑服时，最好的办法就是借助神灵的力量，使大家消除恐惧，恢复战胜困难的信心。

因此，郑和命人在宝船的最高处挂上红灯笼，然后鼓励船员和士兵们一起向天妃娘娘祈祷，让天妃娘娘保佑船队战胜困难。

忽然，官兵们看到风雨中隐隐约约地出现一盏明灯，闪闪烁烁飘忽在风浪之中。大家都注视着这盏明灯。郑和见状，命人齐声呼喊：

“天妃娘娘显灵啦！天妃娘娘显灵啦！”

不久，所有的船上都升起红灯，一种得救的感觉让大家逐渐安定下来，并顿时增添了战胜困难的勇气。大家齐心协力，与风浪作战。

风浪渐渐小了，船也渐渐安稳，人们纷纷跪下来，向天妃娘娘顶礼膜拜。船员们都坚信，这是天妃娘娘保佑了大家，甚至还有人说自己看到了天妃娘娘。

经过25天的艰苦航行后，郑和的船队终于到达了波斯湾口的忽鲁谟斯国。

忽鲁谟斯国位于波斯湾进入印度洋的入海口（今伊朗霍尔木兹海峡格什姆岛），地处咽喉要道，是郑和的船队进入波斯湾的必经之路。同时，这里又是西亚与中亚、东亚的中间地带，东西海路交通的必经之路，所以这里也经常云集着来自亚洲各国的商船。

忽鲁谟斯人信奉伊斯兰教，同时还十分善于经商，这使得他们地理上的便利条件得到了最为充分的发挥，国家十分富庶。忽鲁谟斯商人资本雄厚，不仅常常进行大规模的中转贸易，还尤其擅长经营珠宝。

前几次出使过程中，郑和多次听西洋各国人讲到忽鲁谟斯国的富强，但由于种种原因，一直未能来到这里。现在听到禀报，说船队已经到达忽鲁谟斯国，不觉精神为之一振。

船队到达忽鲁谟斯国这天，正是当地的主麻日。按照伊斯兰教的规定，每个星期五的中午，全城的穆斯林都会聚集在一起做一次礼拜，由当地穆斯林的长官领导礼拜，称为主麻，意思就是聚礼。因此在伊斯兰教中，也将星期五这天称为聚礼日。

在主麻日这天，忽鲁谟斯国王也要到清真寺中去参加礼拜，郑和派

出的人很可能找不到他。而且在这种时候，国王也不会去处理世俗中的事情。在这种情况下，哈桑便提议与郑和一起易服后悄悄上岸，去了解一下当地的情况。郑和虽然觉得这样不太妥当，但还是与哈桑一同上岸了。

（二）

郑和与哈桑一边走一边观看，见这里的街道十分宽敞整齐，但店铺却没有一家在营业。他悄悄问哈桑后才知道，聚礼日的上午，当地穆斯林都不从事任何商业活动，男女老少都要沐浴更衣，清洁自身，然后到清真寺中去参加聚礼。

郑和还发现，街上走过的人衣饰也都十分整洁，男人们都穿着阿拉伯式的大长袍，头上缠着头巾；女人们则穿着各式各样的袍服，各种颜色的都有，但以白色和黑色居多，并且都带着盖头、面纱，看不见长相。

这里的人身材都比较高大，郑和在中国人当中应属于身材魁梧的了，但到这里才发现，他最多只能算是个中等身材的人。

街道上还漂浮着淡淡的幽香，哈桑告诉郑和，当地人为了使自身清洁地去参加礼拜，在沐浴之后，都会向身上喷洒香水，还用一种泥香炉燃烧沉香，站在上面熏衣服。熏过之后，身上和衣服上就都有了很浓的香气。

哈桑以前曾在这里生活过，对这里的街道很熟悉。他领着郑和又穿过了几条街，来到一个大广场上。郑和从未见到过如此大的场面，广场上也说不清有几万人还是几十万人，一行一行地坐在拜毯上，正在等着礼拜。在这个人的海洋中，郑和深深地体会到了自己的渺小，也感受到了造物主的伟大。

礼拜终于开始了，当郑和听到那十分熟悉的宣礼声时，心中不禁感慨万千。他顺着声音望去，发现声音出自广场旁边的一座高塔上。

那是一座孤零零的塔式建筑，不与任何建筑物相依傍，高耸入云。郑和知道，伊斯兰国家都有这种建筑物，称为唤礼楼。塔中有转梯，可以登上塔顶，专门用来呼唤人们礼拜之用。现在，就在那高高的唤礼楼上，受过特殊训练的宣礼员正在用激越的声调，高声吟诵着宣礼词。那声音仿佛来自遥远的天际，又仿佛充满了天空、宇宙。

此后不久，礼拜便正式开始了，郑和与哈桑作为伊斯兰教的信奉者，参加了这次礼拜，并且感慨良多。这是郑和第一次参加聚礼，又是规模如此宏大的聚礼，他体验到了一种特殊的激动，甚至可以说是一种冲动。直到礼拜结束，他与哈桑回到船上后，才渐渐从这种情绪回到现实之中。

礼拜结束后，忽鲁谟斯国王才得到郑和前来的消息，他立即亲自前往岸边迎接郑和。在哈桑的引荐之下，郑和与忽鲁谟斯国王进行了正式的会晤，并宣读了永乐皇帝的诏书，赐予忽鲁谟斯国王各种丰厚的礼品。

在得到忽鲁谟斯国王的许可之后，郑和的船队上岸，与当地商人进行了大规模的贸易活动。

船队在忽鲁谟斯停留数日后，郑和率领船队准备回国。忽鲁谟斯国王亲自率队相送，并派遣使者，带上丰厚的贡品，随同郑和的船队前往中国，向永乐皇帝进贡。

当郑和率领船队完成第四次出使，回到中国时，已经是永乐十三年（1415）了。就在这一年，一件震惊朝野的大事发生了，麻林国向大明朝进贡“麒麟”。

第十六章　神兽“麒麟”

郑君之初航海，当哥伦布发见亚美利加以前六十余年，当维哥达嘉马发见印度新航路以前七十余年。

——（清）梁启超

（一）

麻林国是位于今天非洲的一个国家，从史书记载上分析，这次麻林国向大明朝进贡的“麒麟”，其实就是今天在非洲仍旧十分常见的动物长颈鹿。

长颈鹿虽然与中国古书中记载的麒麟有许多相似的地方，比如，头上有角，身上有花纹，龙头、猪嘴，但它毕竟不是中国古书上传说的神兽麒麟。

作为一种传说中的神兽，麒麟在现实生活中是根本不存在的。对于这一点，凡是有一点见识的读书人都能有清醒的认识，永乐皇帝朱棣也应该很清楚。可按照古书传说，麒麟只有在太平盛世才会出现在世间。麻林国的这一举动，不知是误打误撞，还是有意为之，竟然十分对永乐皇帝的胃口，因为这毕竟是对“皇上圣明”的最直接证明。

永乐皇帝对此事虽然感到很高兴，但当臣子们向他上表称贺时，他却假意不肯接受。他对大臣们说：

“以前《五经四书大全》一书修成，朕接受你们的朝贺，因为这种书对治道人心是十分有益的，的确是一件可喜可贺的大事。可是是否出现麒麟，与治道并没有太大关系，朕的德行不足，治国无方，实在与神兽的出现不符，这件事不值得庆贺啊！”

永乐皇帝一方面为了表示自己的谦虚态度，另一方面，他也很清楚，这种麒麟根本就是冒牌货。如果厚着脸皮接受下来，一般有点学识的大臣虽然嘴上不会说什么，但内心却会讥笑他，这于皇上的圣明实在是大大有损，所以还是慎重些好。

虽然如此，当“麒麟”运送到京城时，永乐皇帝还是亲自到奉天门迎接，并举行了盛大的接受仪式。

对于永乐皇帝来说，这么多年四处搜寻建文帝的消息，至今仍然音信全无。渐渐地，他也放下心来。而郑和下西洋的船队规模庞大，所需经费也相当多，而且每次下西洋，都要给西洋各国的国王及重要大臣们大量的赏赐，这就给明王朝带来了沉重的经济负担，永乐皇帝也想尽快停止这种不必要的投入。

可是偏偏此时，麻林国献上了“麒麟”，使得永乐皇帝遣使西洋的壮举欲罢不能，因为“麒麟外交”在当时被认为是体现明初对外方针已经初步实现的重大事件。麻林国远在东非，是中国人从未听说过的国家。连“极地之国”都来中国这个天朝大国进献礼物，更能说明明王朝的强盛兴旺，天下归心。

为此，永乐皇帝不得不再次派遣郑和出使西洋，以显示大明朝对外交事业的重视以及与各国之间的友好往来。

永乐十四年，刚刚回国不久的郑和再一次奉命出使西洋。对于郑和来说，远航已经成为他一生所努力追求的事业，因此在接到出使的圣旨后，自然是十分高兴的。不过，由于合适的季风已经过去，他需要等到第二年秋天太平洋季风来临时才能出航。

（二）

在郑和第五次下西洋的前夕，中国国内又发生了一件大事，那就是明成祖朱棣打算迁都北京。

永乐十四年（1416）秋，永乐皇帝曾率人去了一趟北京，对那里进行了一次实地考察。返回南京后，永乐皇帝便决定迁都。他首先让大臣们讨论此事，不少大臣纷纷上书附和道：

“北京是圣上龙兴之地，北面枕靠居庸关，西面又太行山雄峙，东面连着大海，南面俯视中原，沃壤千里，山川形胜，足以控制四方，制约天下，是个真正的帝王之都。”

于是，大规模迁都北京的工程开始了。

北京原来是元朝的都城，称大都。永乐皇帝在元大都的基础之上，对其进行了改建和扩建。而新建内廷需要大量的奇珍异宝作为摆设，内苑又需要大批的珍禽异兽去充实，有些东西在国内又难以找到，这就需要靠郑和再次下西洋“入海取宝”，将世界各地的珍宝搜集回来，为新建的宫殿增彩填色。

不过，这些东西在海外并不算什么贵重之物，取来也不会费太多代价，而贡献给明朝政府却能够换取大量的回报。当时，大明朝为了显示自己的强大富庶，采取的外交政策一向都是“薄来厚往”。

在这期间，大明朝中来了一批外国客人。经过郑和四次下西洋，大明朝在东南亚、西亚及东非的影响越来越大，各国也常常派使团到明朝访问。在继渤泥、满剌加国王来访之后，苏禄国王也前来大明朝访问。

苏禄国位于今加里曼丹岛和菲律宾群岛之间，当时是一个封建性质的君主国家。苏禄国国内有三个王，分别是东国酋长巴都葛叭答剌、西国酋长麻哈剌吒葛剌马丁和已故苏禄峒酋长之妻叭都葛巴剌卜。

永乐年间，永乐皇帝朱棣率兵平定西北后，班师回朝，锦衣卫指挥使纪纲请旨率水师南下，荡平南洋十五国。而朱棣则遵从明太祖朱元璋遗训，不动干戈，遣使修好，苏禄国王遂决定亲自来中国拜见朱棣。

当王子伊斯麦尔和中国商人张谦正加紧指挥建造前往中国的船只时，部落酋长阿尤布曾率部前来阻止，被击退，随后苏禄国王和王后葛木宁率领眷属大臣等，如期来到中国。

苏禄使团到达北京后，永乐皇帝在皇宫中盛情款待了苏禄国王一行，并在比武场上各显技艺。

苏禄国王在旅程中时，海盗罗景龙、坎卡瓦盗走了苏禄国王的大量珍宝，并杀死了护卫阿布贝卡。朱棣闻讯后，派人办理此案。案情很快就被查清，凶手也被就地正法，大量珍宝奉还给苏禄国王。同时，朱棣还追封阿布贝卡为骠骑将军，以亲王之礼厚葬，苏禄国王十分感动，决心与中国世代为好，并向永乐皇帝献上了大量珍宝、玳瑁、宝石等礼物。

（三）

对于此次苏禄国贵宾的访问，明朝政府也十分重视，给予了很高的款待。他们抵达北京没几天，永乐皇帝便下诏，封巴都葛叭答剌为苏禄国东王，麻哈剌吒葛剌马丁为苏禄国西王，叭都葛巴剌卜为苏禄国国王，并赐予诰命、印章、冠服、仪仗等。

经过这次赐封，苏禄国三王的名分也正式确定下来，苏禄国与中国的关系也更加密切。

苏禄国三王在北京愉快地逗留了22天后，正式结束对中国的访问，准备乘船沿着京杭大运河南下回国。然而在沿京杭大运河行至德州时，苏禄国东王不幸病倒，永乐皇帝命太医火速前往救治，但国王终因病重，于1417年9月13日病逝于山东德州。

永乐皇帝闻讣，深为哀悼，遂派吏部郎中携带祭文赶赴德州，以王礼厚葬，并赐谥号“恭定王”。东王长子督马含率众回国继承王位，王妃葛木宁及次子温哈喇、三子安都鲁和侍从十余人留居德州守墓。

永乐十六年（1418）秋，永乐皇帝又亲自撰文，命令在东王墓前刻石立庙，隆重地安葬祭祀。此后，东王的妃子与两个儿子便在德州安居下来。

王妃与两位王子逝世后，分别安葬在东王墓院的东南隅。清朝雍正九年（1713），根据东王后人入籍中国的请求，奏请清廷，题定以温、安二姓入籍中国，成为中华民族的一员。

就在郑和领命，准备第五次出使西洋的这年十二月，古里、爪哇、满刺加、占城、锡兰山、卜刺哇、阿丹、苏门答腊、麻林、忽鲁谟斯、柯枝、南巫里等18个国家及旧港宣慰使的使臣打算回国，永乐皇帝便决定派遣郑和五下西洋，途中护送各国使节回国。

郑和此次出使，一直到永乐十七年（1419）七月才返回国内。在这次出使中，郑和也一直记着朝廷迁都扩建之事，以及麻林国朝贡“麒麟”对永乐皇帝的影响，因此，他向所到各国暗示，永乐皇帝最喜欢他们进贡中国所没有的各种怪禽异兽。

于是，各国纷纷派使臣随同郑和的船队来到中国，同时也带来了中国人闻所未闻的各种动物。忽鲁谟斯国进贡的狮子、大西马，阿丹国进献的麒麟、长角马哈兽，木骨都束进献的花福鹿，也就是我们今天所说的斑马，不刺哇进献的千里驼、驼鸡，古里国进献的麋，满刺加进献的犀牛，等等。

当郑和率领各国使臣回来，向永乐皇帝进献各种“宝兽”的时候，满朝大臣看得目瞪口呆，纷纷向永乐皇帝上表称贺。

这次出使，郑和还有一个重要的任务，就是到柯枝国立碑纪事。

柯枝国东有大山，西临海洋，南北滨海，是古代印度半岛重要的商港。永乐年间，中国与柯枝国之间的友好关系有了较大的发展，柯枝国还曾连续两年遣使臣到明朝进贡。

永乐九年，郑和再一次到达柯枝国，柯枝国使臣请求赐给印诰，并铭刻于柯枝国的大山上，以示永久纪念。于是，永乐皇帝趁郑和第四次出使之际，正式赐柯枝国国王可亦里印诰，封他为柯枝国王，并封其国中之山为镇国山。

这一次，郑和再次抵达柯枝，奉命到镇国山封山，刻碑记事。碑文是由永乐皇帝朱棣亲自撰写的。可惜的是，当年的碑刻迄今也未发现，但碑文中的内容在多种中国史籍中均有记载，是郑和第五次下西洋的一份珍贵的历史文献。

第十七章　护送使节

五百年前留圣迹，四方界内显英灵。

——马来西亚三宝庙内对联

（一）

永乐十九年（1421）春，郑和奉命第六次出使西洋，并于永乐二十年（1422）八月返回。此次出使所经历的国家和地区包括占城、满剌加、苏门答腊、暹罗、锡兰山、小葛兰、柯枝、古里、忽鲁谟斯、祖法儿、剌撒、阿丹、木骨都束、竹步、天方等。

郑和此次率船队出行的主要任务之一，就是护送各国的使臣回国。船队出海之后，由于时间紧迫，便直接驶向苏门答腊，随后又分成几个分队，分别对沿途国家和地区进行了访问。

当年冬天，其他船队还在国外，郑和的船队刚刚返回，便又接受了将第二批使臣护送回国的命令。于是，他又专程跑了一趟，包括专程去旧港一趟，命令施进卿的女儿施二姐袭宣慰使之职。

自从郑和的船队第五次下西洋以来，官方贸易便成了郑和船队出航的主要任务之一。在第六次下西洋期间，郑和同样在沿途各国采办了不少珍宝。

上一次出使时，郑和的船队曾造访了阿丹国，即今天的也门民主人民共和国之亚丁。这一次，郑和又派遣了一支分队前往，目的也是采办各种稀世珍宝。

阿丹国正当红海南口，是古代西亚重要的国际贸易港口，船队从古里西行，顺风航行22天即可到达。阿丹国气候温和，土地肥沃，不但适于多种农作物的生长，也利于各种珍禽异兽的繁衍，所以其国物资资源十分丰富。

郑和的使团对阿丹国进行了友好访问，对阿丹国的物产、手工业、商业贸易的状况等，也都有了比较详细的了解，知道这里是进行国际贸易和采办珍宝较为理想的场所，因此，在永乐十九年，郑和船队的一支分队在内官周某的率领下，前往阿丹国对国王及其大臣宣读诏书，进行赏赐，并开展贸易活动。

阿丹国国王对大明朝特使的到来十分高兴，通过各种赏赐也看到了大明朝的富有，因此鼓励国人：只要有珍贵宝物等，悉数拿出来与大明朝的船队交换。

阿丹人纷纷将自己最好的珍宝拿出来，与船队进行贸易活动，船队也购买到了许多以前见所未见的宝物，如大块的猫眼宝石、大颗的珍珠琥珀及高约两尺（约66厘米）的大珊瑚树等，同时还买到了许多非洲的珍禽异兽。

仅一支船队就有这样的购买力，由此可见，郑和的整个船队在海外贸易活动之大，自然是其他任何国家都无法相比的。

与此同时，郑和船队的另一支分队还造访了东非的一些国家，其中有木骨都束、竹步、麻林等国。

竹步国，相当于今天的索马里朱巴河入海口一带，当时也是一个海滨国家。郑和船队的到来，在当地引起了不小的轰动，附近各国都纷纷派使臣前来表示通好。

船队此行的最后一站是麻林国。在永乐十三年（1415）时，麻林国曾派使臣前往大明朝敬献“麒麟”，在朝野上引起了不小的轰动。此次郑和的船队前来，也是护送麻林国的使臣回国，顺便进行访问和贸易活动。

由于郑和下西洋的许多资料被毁，也导致了一系列的不解之谜，其中就有有关麻林国的争论。麻林国到底在哪里？有人认为在莫桑比克海峡，或者是今天坦桑尼亚的基瓦尔；也有人认为是位于西非的古马里国。因此，有研究者认为，郑和的船队曾经到过好望角。但目前一般保守的看法认为，郑和的船队至少抵达了非洲东海岸。

（二）

位于阿拉伯半岛东南海岸的祖法儿国，自古便是著名的商埠，各国商贾云集。在郑和前几次出使其他国家时，曾经到过此国，但都不是正式奉使到该国，未能扩大两国之间的贸易往来。

永乐十九年（1421），祖法儿国使节随同阿丹、剌撒等国的使节一起来华入贡，所以永乐皇帝命郑和正式赍玺书，对祖法儿国王进行宣谕赏赐，以为报答。

郑和的船队到达祖法儿国后，与当地人民进行了十分广泛的贸易活动。郑和船队上携带的丝绸、瓷器等生活用品，与祖法儿人交换了当地的乳香、血竭、芦荟、没药之类的香料，以及药物等船队所需的物品。

但是，由于中国与祖法儿国之间的贸易因藩属关系的存在而存在，后来，郑和在七下西洋之后，明朝政府再次实行海禁，这种贸易也被迫中断了。

永乐二十年（1422），郑和第六次出使西洋归来。六次出使西洋，常年奔波于海上，这让郑和的身体状况极为不佳。虽然郑和刚刚年过五十，但却已经白发丛生，精力大不如前。当他再一次望见祖国的海岸时，他想到的是：我终于到家了，这一次我要好好休息休息。

可是，当郑和回到宫中，有人告诉他，永乐皇帝已经下诏，此后停止一切海外活动时，郑和的眼睛直勾勾地盯着对方许久，好像没听明白对方在说什么一样。他不敢相信这是真的，他的海上生活真的就要从此结束了。郑和喃喃自语道：

“难道，皇上不再为建文帝的事情而担心了吗？”

郑和不知道，奉命外出寻访张仙人的胡濙回来了。他在外飘荡了整整十年，足迹几乎遍及天下各个州部，几乎将大明帝国的境内搜了个遍，至于他得到了什么消息，谁也不知道。历史上只是记载着，胡濙从浙江、湖南、湖北等地寻访回京后，深夜求见永乐皇帝。永乐皇帝本已就寝，听说是胡濙求见，特意将其召进宫中，君臣二人一直谈到天亮，胡濙才出宫里去。

从这时开始，永乐皇帝便不再为建文帝的事而忧虑了。所以，历史学家推测，胡濙此次回朝，很可能是得到了有关建文帝的确切消息。

不过，郑和出使西洋多次，却一直没有得到有关建文帝的确切消息。虽然他奉永乐皇帝密旨出使西洋各国，其中的一个重要目的是寻找建文帝的下落，但没多久，郑和就被海外的风土人情所迷住了。

海外的壮丽景色，海外淳朴的民风，海外独特的民俗，都让郑和流连忘返，也让他早已将追寻建文帝的事情抛在了脑后。郑和一次又一次地奉命出使西洋，常年生活在海上，朝中大臣，包括永乐皇帝，都暗中称赞他是一名不辞劳苦的忠臣，但也许只有郑和自己心里明白，他的这一举动与其说是忠于王室，倒不如说是为了满足自己的理想。

现在，出使结束了，郑和待在宫中，又能做什么呢？

这么多年，郑和虽然总在海外，但他一直都将南京当成自己的家，而且他也在努力地营建着自己的家。可是，身为太监，他是没有属于自己的家室的。

在明朝的宫中，太监们都实行与宫女结成假夫妻过日子，宫中习惯将这种情况称为“菜户”，这在宫中已经成了公开的秘密。

但郑和没有自己的“菜户”，对这种习惯他也没有接受。郑和需要一个家，一个真正意义上的家。他跟哥哥马文铭商量，请马文铭将儿子马赐过继给他，马文铭表示同意，并亲自送儿子到南京。

当马赐站在郑和面前，怯生生地喊了一声“爸爸”时，郑和的眼泪一下子就落了下来。他张开双手，却不知说什么好。

看着弟弟呆呆的样子，马文铭第一次真正意识到，弟弟这些年心中的痛苦，一种无法言语、无法向人诉说的痛苦。虽然他的地位、财富、成就，都令人羡慕，可常人能享受到的，他却无论如何也享受不到，而这又恰恰是他最想得到的东西。

马文铭擦了擦自己的眼泪，对郑和说；

“本来，教门是不提倡立义子的，经上说，义子不能等同于亲生。但为了兄弟，我就做一回违心之事吧，这个孩子以后就跟你姓郑。”

郑和非常高兴，当即给这个孩子取名为郑恩来。据《郑和家语》记载：

“至宣德六年（1431），钦封公三宝太监，公以兄文铭之子立嫡，名赐。”

此后，郑和的后裔逐渐分散在全国各地，主要有玉溪、晋宁、南京、泰国等几支。

（三）

为了加强中国北方的防御力量，以抵抗蒙古人可能发起的进攻，永乐十八年年底，永乐皇帝正式移居到北京的新宫，并将整个政府机构都迁居到了北京，将这里定为大明王朝的国都，而南京则降为陪都。

永乐皇帝将自己身边的亲信也都带走了，南京虽然还存在着六部，像有政府存在时一样，但那只是一些不得志的官员们闲赋的地方。

永乐也没有命郑和随他一起北上，表面上看，这似乎是因为郑和肩负出使西洋的使命，从南京出发方便，但郑和心里明白，永乐皇帝已经不再将他当做自己的亲信了。毕竟，他不在永乐皇帝身边已经太久了。

永乐皇帝这一去，郑和再也没有见到他。当郑和听说永乐皇帝已经下旨暂停出使西洋时，他几乎不敢相信这是真的。仔细了解才知道，永乐十九年的四月初八，宫中三大殿失火，永乐皇帝为此下罪己诏，认为这是上天对他的过错的警示。

在罪己诏中，有这样一段话：

> 朕怀兢惧，莫究所由，固朕不德之所致欤？抑任用匪人而致然欤？今诏告中外，凡有不便于民及诸不急之务者，悉皆停止，用苏困弊，仰答天心。

下面还列举了应该停止的各种事业，其中，通往西洋便是其中之一。

出使西洋的事业结束了，郑和不知道自己还能做什么。也许，就连永乐皇帝都不知道，他应该命郑和去做什么。宫中已经没了他的职位，他是太监，又不能派出外任。近二十年来，郑和一直都在忙于组织船队下西洋，永乐皇帝只记得他十分胜任这项工作，却不记得他还有其他什么才能。

不论出于何种原因，反正郑和自从永乐二十年八月归国后，就一直无所事事地闲居在南京候旨。直到永乐二十二年正月，他才又接到永乐皇帝的圣旨，命他再次出海，而此次出使国家却只有一个旧港。

明王朝所设立的旧港宣慰使司负责人施进卿早已去世，他的儿子施济孙于上一年派来一位名叫丘彦成的使臣，请求永乐皇帝批准他继承父亲的职务，并向明王朝报告，说以前明朝赐给旧港的银印在一次火灾中被烧毁了，故请求明王朝重新颁印。郑和此次出使，仅仅就是为了给施济孙送去新的银印，任命施济孙为旧港选为谁。

接到命令后，郑和稍稍整理船队便匆忙出发了。此次，他只带了很少的一部分人，他的船队也大多留在了南京。

然而，还没等郑和返回国内，永乐皇帝便于当年的八月二十四日病世了。朱棣去世后不久，其长子朱高炽即位，史称明仁宗。次年，朱高炽改元“洪熙”。

新皇帝即位的当年，就在诏书中提到：

> 下西洋诸番国宝船，悉皆停止。如已在福建太仓等处安泊者，俱回南京，将带去货物仍于内务该库交收。诸番国有进贡使臣当回去者，只量拨人船护送前去。原差去内外官员速皆回京，民梢人等各放宁家。

这道诏书不仅停止了下西洋的活动，还解散了水手，收回了货物，并向人们表明：新皇帝要永久性地取消这种出使行动了。

郑和的船队中主要成员都是官兵，这是不能像水手一样解散回家的，于是这年的八月，新皇帝又下了一道圣旨给带船队留守南京的王贵通，命令郑和的船队守备南京。

郑和返回南京后不久，便又收到一道圣旨，命他率领所部官兵镇守南京，内事与王景弘、朱卜花、唐观保商议实行，外事与南京守备襄阳城伯李隆商议实行。

从此，郑和又开始了他长达五年的镇守南京的日子。

据传说，中国第一个吃燕窝的人是明代著名的航海家郑和。1405年，郑和所率领的船队在马来西亚马六甲附近海域遭遇风暴，被困荒岛，食物紧缺。无意之中，郑和在峭壁上发现了燕窝，船员们便以之充饥。数日后，船员们个个脸色红润，中气颇足，身染重病的船员竟也奇迹般地康复了。至此，燕窝的神奇功效才为世人所知。后来，郑和回国后，将燕窝进献给永乐皇帝，燕窝从此也成为明朝皇家贵族专属的养生滋补上品。

第十八章 南京守备

不拓疆图不殖民，远扬古国播文明。铿锵甲胄非征战，艳丽丝绸惠比邻。

——佚名

（一）

明仁宗取消了促使西洋的行动，船队的官兵们只好都留在南京。可是，这位新皇帝却不再有其他指示，对于这些留在南京的官兵的饷银该从什么地方出，他也不闻不问。

以前，这边开支属于郑和下西洋经费中的一部分，从郑和的船队中支取，可现在遵照圣旨，船队的一切财物都已经交回国库，郑和也没钱给官兵们发饷了。如此一来，郑和的部队反而成了大明朝的编外部队。

这令郑和感到十分气愤，他的部队几十年来抛家舍业，远渡重洋，出生入死，为维护大明王朝与国外多个国家的友好关系作出了很大贡献，到头来就落了个这样的结局。郑和由此也明白了朝廷对自己的态度：鸟尽弓藏，任其自生自灭。

郑和的部队在歉饷十个多月之后，终于在南京守备李隆的呼吁下得到了解决。皇帝下旨，命郑和的船队从当地支取他们的饷银，并参加当地部队的军事训练。

每当郑和站在点将台上，望着远处士兵们训练的场景，心里都在想：这些训练对于海战来说几乎没有任何用处，什么时候我们也能操习一下水战呢？

遗憾的是，没有人会支持郑和的想法，甚至连理解他的人都没有。

明仁宗虽然有些作为，但却不能理解永乐皇帝朱棣迁都北京的一番苦心。在他看来，北京的天气太冷了，气候太干燥了，他很不适应这种环境。因此即位后，明仁宗便想再搬回到南京去居住。

为此，明仁宗还给王景弘下了一道圣旨，命他将南京城的宫殿都修缮一下，以备他次年开春回南京居住。在圣旨中，有这样一句话：

但可居足以，不必过为整齐，以重劳人力。

郑和与王景弘接到这份圣旨时，读了一遍又一遍，认真体会着新皇帝的真正意图。这是他们第一次执行新君主的命令，一定要办到符合皇帝的心意才行。

王景弘分析后，说：

“这件事绝对可疑，皇上一定是要回南京的，现在北京各部都已经改称行在了。”

郑和摇了摇头，说道：

“问题不在于皇上是否真的要回南京，我也猜到皇上是非回来不可，可是圣旨中要我们修缮宫殿，‘不必过为整齐’，我们该怎么办呢？”

王景弘大声说：

“自然是遵从皇上的圣旨，不追求奢华，只要能住就行了。”

郑和笑道：

“若是现在王大人搬家去北京，你是希望新家焕然一新，还是仅仅希望能住即可呢？”

王景弘随口回答说：

“那自然是希望焕然一新了。”

郑和又笑道：

“您都这么想，那皇上怎么不会这么想呢？”

王景弘一听，觉得郑和说得有道理，便又问道：

“可皇帝的诏书中不是说‘但可居足矣’吗？”

郑和叹了口气，反问道：

“王大人，难道皇上能在诏书中写明，叫我们大兴土木，让天下人知道他是个贪图享乐的昏君吗？”

“那我们现在该怎么办？”王景弘一时没了主意。

郑和沉思了一会儿，说道。

“宫殿还是要修得好一点。为了避免皇上怪罪我们违背圣旨，我们现在就上一道奏章，说修理南京宫殿需要用一些金箔，请示皇上从何处支取。皇上自然知道，这金箔是作为豪华装饰之用的，他若真的不想大兴土木，自然会下诏书斥责我们，说不必使用金箔，那我们再上一道奏章谢罪就是了；若是他告诉我们从何处支取，那就说明他还是想好好修缮宫殿的。”

（二）

郑和和王景弘刚刚上奏没多久，明仁宗朱高炽便去世了，年仅48岁。朱高炽长子朱瞻基即位，是为明宣宗，并改年号宣德。

郑和所上的走着也是明宣宗批复的，他命令郑和前往天财库支钱买金箔。郑和与王景弘见到这一道圣旨，心中有了谱，便放手大干起来。

宣德元年这整整一年，郑和每天都在忙活，修建天地坛、山川坛，修缮皇宫，修筑皇陵。曾随郑和到过几十个国家，宣扬大明恩威的官兵们，现在又跟随郑和一起当起了建筑工。

郑和一直都在期待着新皇帝能够实行新政策，重新重视起与海外各国的交往。郑和相信，只要能够恢复出使海外的活动，第一个被起用的使臣仍会是他。他也相信，自己在这方面是干得最出色的。

然而事实却令郑和愈发失望，他等来的诏书不是命他再次出使西洋，而是对他严加斥责的。

这一年，明宣宗朱瞻基派工部郎中冯春来南京，视察南京宫殿修理情况的进度，并对参加这一工程的工匠们给予一定的赏赐。冯春回到北京后，向明宣宗上奏了一本，说对在南京修建佛寺的工匠也应该给予赏赐。

这本来是件很小的事，皇帝作不作批复都可以，可明宣宗却因此大怒，认为冯春之所以上这个奏本，都是出于郑和的指使。因此，他命司礼监行文给郑和，对他痛加申斥，责令他以后不得乱行请赏。

明宣宗当着司礼监的主事太监大声说：

“佛寺是僧人自己的建筑，跟朝廷有什么关系，怎么能让朝廷来赏赐这些建寺的工匠呢？冯春所奏一定出自郑和的主使，谁不知道郑和对佛教极为虔诚。冯春受人指使，斥责不斥责他都可以，但一定要派人到南京去，告诉郑和严守礼法，不得再向朝廷陈请此类非礼之事！”

郑和受到这样的斥责，感觉哭笑不得。别人的过错安在他的头上，他还没有办法为自己辩解。难道他能上表澄清自己不信奉佛教，改信伊斯兰教吗？显然不能。因为就在前不久，还有官员上书朝廷，请求对境内的回回严加防范，理由是“非我族类，其心必异”。在这种情况下，郑和怎么还给自己找这种麻烦来？

不过，这件事也让郑和明白了，他现在的官职虽高，却是皇上不重视的人，他已经没有资格再对朝政作任何的发言了。一想到这些，郑和就觉得十分难过。

幸好郑和的义子郑恩来很孝顺。郑恩来长大后，娶了两房妻子，一位姓马，一位姓纳，都是传统的回族女子。按照伊斯兰教的教法，男子最多可以娶四位妻子，但必须平等地对待每一位妻子，所以，伊斯兰教的多妻制度与中国传统的多妻制不同，不存在妻、妾之分，而一律都是地位平等的妻子。

两位妻子也分别为郑恩来生下了两个儿子，一个取名为郑万选，一个取名为郑廷选。郑和虽然没有体会过为人夫的滋味，但却尝到了为人父、为人祖的感觉，也算是终于过上了正常人的生活。

（三）

南京的皇宫虽然在郑和的主持修缮一新，明仁宗和明宣宗也动过再次迁都南京的念头，但最终他们也没有迁回来，郑和也就再次过起了闲散的生活。

与其他老人一样，郑和经常慈爱地陪着孙子玩耍，偶尔也带着孙子去逛街，给孙子买点小玩意儿。

同时，郑和也会经常在郑恩来的陪同下，到清真寺中去做礼拜。当时的南京回族中，伊斯兰教的气氛还相当浓郁，以致后来在明清之际，着实出了几位著名的伊斯兰教学者。郑和还断断续续地学习了阿拉伯语，偶尔也诵诵《古兰经》。

宣德三年（1428），明宣宗又交给郑和一项工作，命他提督修建南京大报恩寺，郑和很努力地完成了。

与此同时，郑和还用自己的钱在南京修建了一座清真寺，并奏请皇上恩准，让他的子孙世代管理这座清真寺。郑和之所以这样做，是想以这种特殊的方式来维护自己的信仰。

虽然这样每天做着一些毫无意义的事，但郑和的心中却十分留意大明朝与西洋各国的关系。

宣德元年，爪哇、暹罗、琉球、苏门答腊、满剌加等国，向明王朝进贡。宣德二年，爪哇、占城、暹罗、琉球进贡。宣德三年，占城、暹罗、爪哇、琉球、安南进贡。宣德四年，爪哇、占城、琉球、榜葛剌进贡。

每次郑和听到这些消息，都会叹气，中国不再派使臣去西洋，西洋各国限于技术原因，能来中国的实在太少了，这与他下西洋的年代简直是无法相提并论的。

郑和思前想后，决定再试一试皇帝的态度。他想知道，明宣宗的年号为宣德，他是不是真的想向海外宣扬大明朝的恩德。在郑和看来，这也许是他一生中的最后一次机会了。

宣德三年八月，郑和与王景弘联名向明宣宗上了一道奏折，向明宣宗报告，在南京的内库中还存有大绢十万匹，棉衣二十二万匹，请示皇帝如何处理。

郑和没有向王景弘讲明他的真正意图，只是说这些东西存放在这里不保险，一旦出了事，他们都担当不起。郑和曾多次与王景弘一起下西洋，这几年又一起镇守南京，朝夕相处，十分了解王景弘的性格，知道如果他对王景弘说实话，王景弘是绝对不会同意他上这道奏折的。

奏折送上去后，郑和天天都在焦急地等待着皇帝的批复。他知道，如果明宣宗还有再派使者下西洋的想法，他就会命令这批东西仍放在南京保存，不得擅用。因为下西洋需要这些东西，临时现凑总不如有现成的备用。

可是，郑和再一次失望了。明宣宗在收到他们的奏折后，很快便命令户部官员将这批东西运送到北京。

这件事之后，郑和变得更加沉默寡言，身体也渐渐不好起来。郑恩来知道父亲心情不好，想办法逗郑和开心，可郑和就是开心不起来。

郑恩来很为父亲的健康状况担心，他把这一情况讲给几个知近的朋友听，请他们为自己想个办法。其中的一位朋友说：

“郑伯伯不是喜欢航海吗？这好办，你劝他上奏折告老还乡，而后你们一家人走海路去麦加朝觐，这不就成了？”

郑恩来早就听自己的生父马文铭说过，自己的曾祖曾带着自己的祖父朝觐过麦加，他们都是哈只。如果自己能与父亲一起去麦加朝觐，那该是多么激动人心的事情啊!

这一天，郑恩来发现父亲郑和又闷闷不乐地一个人坐在一旁发呆，就走过去说：

“父亲，您也这么大年纪了，为朝廷出了一辈子力，现在也该过一点属于自己的生活。我觉得，您不如上一份奏折告老还乡吧，这样我们想去哪里就可以去哪里了，何必非要留在南京呢？依我们家现在的财力，我们应该去朝觐的。不如我们就走海路去朝觐吧，您也很久没出海了，顺便也出去散散心。”

朝觐是每个有能力的穆斯林都应尽的义务，只是当时交通不便，从中国去麦加所需费用相当昂贵，一般的穆斯林是负担不起的。而郑和家境富有，他是应该完成这项宗教功修的。

郑和听完郑恩来的话，半响没说话，最后才说：

“告老还乡？可是一旦朝廷再通西洋，我不就参加不上了吗？”

郑恩来没想到父亲会说出这样的话，一时也不知该如何应答。又过了好一会儿，郑和才缓缓地说：

“你说得也不错，我再考虑考虑吧。”

几天之后，郑和终于想通了，开始使人代写他的告老奏章。可就在这时，他忽然接到了明宣宗的圣旨，命他带领船队再次出使西洋。

在明代，中国茶业已经有着很大的发展，明代改团饼煎煮之法为散茶冲泡品饮，更崇尚自然之美，令茶文化发展到了极致。在中国茶文化的传播上，郑和下西洋发挥着很大的作用。郑和在下西洋过程中，把中国的丝绸、瓷器、茶叶等带到了海外各国，散茶的兴起也成为中国茶叶发展的一个重大转折。而郑和下西洋所到的泰国、马来西亚、新加坡、斯里兰卡、印度、肯尼亚等亚非国家，也都成为如今的茶叶大国。

第十九章　西航尾声

黑岸礼回花福禄，阿丹珍馈瑞麒麟。天涯海角夸三保，伟绩丰功说到今。

——佚名

（一）

宣德五年（1430）正月，大明朝户部尚书夏元吉去世。

夏元吉为三朝元老，主持户部工作达27年之久。他为人刚正不阿，为有明一代著名的大臣，就连明仁宗、明宣宗都要对他礼让三分。

从永乐末年开始，夏元吉便极力反对遣使西洋的行为。他认为，大规模地遣使西洋令明王朝损失了大量的财力，而得到的不过是一些毫无价值的诸国朝贡，且大明朝为招待诸国的贡使还要花费大量的金钱。

与此同时，出使西洋的船队所到之处进行贸易，也都是用大量的绸、帛、布、瓷器等有用之物，换回珍珠、象牙、犀角、香料等无用之物，这对大明朝也说也是一种巨大的损失。

因此，夏元吉极力主张取消下西洋的船队，劝阻皇上不要再下令出使西洋。

当永乐皇帝还没有得到建文帝的确切消息时，虽然他也承认夏元吉的说法有道理，但却不想停止遣使西洋。因此，尽管有许多大臣上表发对，永乐皇帝仍然充耳不闻，照遣不误。

而且，永乐皇帝派遣的郑和的船队，数量一直都保持在200条船以上，人员也不少于两万人。之所以如此，是因为永乐皇帝希望郑和在海外一旦发现建文帝，便可以有足够的力量消灭他。

可是，接替永乐皇帝的明仁宗和明宣宗两位皇帝却并不存在永乐皇帝一样的忧虑，他们是从自己的父亲手中接掌的皇位，是名正言顺的继承，自然不会再有以往的顾虑。于是，他们即位后，都毫不犹豫地取消了下西洋的舰队。

直到宣德五年，形势发生了新的变化。最主要的是，由于大明朝不再派遣使臣出使西洋各国，诸国贡使人数明显减少。在夏元吉看来，这正可以令大明朝削减许多不必要的开支，是件好事。开始时，明宣宗也这样认为，但渐渐地，明宣宗的心理上产生了一种失落感。

明宣宗依靠着自己的祖父为自己留下的丰厚国库，享受着太平盛世。在满廷朝臣的一片颂扬声中，明宣宗也渐渐变得飘飘然起来。他开始经常引大臣们同游御花园，甚至登上龙舟赋诗，以点缀太平盛世；他还特意准许每年年初百官休假十天，以示太平。

在这种心境中，明宣宗越来越觉得，西洋各国来进贡的使者逐年减少，这实在与大明朝太平盛世的情形不相符。

怎样才能形成永乐皇帝在世时的那种万国朝贡的盛况呢？明宣宗渐渐想起了创造这种盛况的郑和。可能也是直到这时，明宣宗才想起他的臣子中还有郑和这么个人，而且听臣下们说，郑和在西洋各国中还极有威望。

明宣宗大喜，马上发下一道圣谕，命郑和率领船队出行，前往西洋各国去宣谕。只是明宣宗没有注意到，此时的郑和已经是一位60岁的老人了。

明宣宗的圣谕只有短短的几行字：

> 朕恭膺天命，祇嗣太祖高皇帝、太宗文皇帝、仁宗昭皇帝大统，君临万邦，体祖宗之至仁，普辑宁于庶类。已大赦天下，纪元宣德，咸与维新。尔诸番国，远处海外，未有闻知。兹特遣太监郑和、王景弘等赍诏往谕，其各敬顺天道，抚辑人民，以共享太平之福。

郑和双手捧着这封诏书，激动万分，一遍接一遍地读着，最后泪水忍不住夺眶而出。他喃喃自语地念叨着：

“我终于盼到了这一天！我终于盼到了这一天！”

郑和不顾自己年老体衰，马上将自己的全部精力都投入到船队出发的准备工作中去。此时，明宣宗要依靠郑和完成自己的心愿，所以对郑和也是全力支持，所请无所不准。郑和在南京三山街所修建的清真寺尚未完工，明宣宗竟然特别下了一道圣旨，命郑和到内官监或是南京工部领取修建清真寺所需的材料，必要时还可以调派手下官兵协助修建，以便能够早日完工，早日启程。

这所清真寺完工之后，成为南京城内最大的清真寺，即净觉寺。

（二）

出使西洋的事情已经停止了五年多，很多船只都需要修理，人员也需要重新组织，各种物资也需要征集，所以，这次郑和的准备工作就用去了一年多的时间。

在出海之前，郑和与王景弘等人商量，在太仓刘家港天妃宫与长乐南山寺各树立一座石碑，一方面是感谢天妃娘娘对他们的保护，另一方面是将他们历次出使的时间记载下来。

中国人将天妃娘娘当成是航海业的保护神不知起源于何时，总之是在宋代以后。在此之前，中国的航海业不发达，并不需要创造出一个航海业的保护神，在民间崇拜中也没有天妃娘娘这个神。

对天妃娘娘的普遍祭祀源于明代。据说，天妃娘娘是宋朝的都巡检林愿的第六个女儿。在她出生时，她家一带的大地都变成了紫色，而且有祥光、异香，种种奇怪之事不能一一尽述。她长大以后，最大的神异就是能预知吉凶祸福，并能乘坐席子渡海，在海边各个岛上乘云来往。

也许正因为这种种神异，后代才将她奉为航海业的保护神。据说，她在雍熙四年二月二十九日升化，以后便乘云驾雾地往来于海上，保护着海上往来的人们。

此次出使之前，郑和重修了太仓刘家港的天妃宫。他很清楚，这次出使是他最后一次出海了，所以他假借感谢天妃娘娘的名义立碑，将历次的行程清清楚楚地记录下来。可以说，郑和就是在准备着自己的身后之事。

为此，郑和又在刘家港停留了近两个月。

石碑立好之后，郑和久久地注视着碑文中记录他历次出使的那段文字：

> 永乐三年，统领舟师往古里等国，时海寇陈祖义等，聚众于三佛齐国，抄掠番商，生擒厥魁，至五年回还。永乐五年，统领舟师，往爪哇、古里、柯枝、暹罗等国，其国王各以方物珍禽异兽贡献，至七年回还。永乐七年，统领舟师，往前各国，道经锡兰山，其王亚烈苦奈儿，负固不恭，谋害舟师，赖神灵显应知觉，遂擒其王，至九年归献。寻蒙恩宥，俾复归国。 永乐十二年，统领舟

> 师，往忽鲁谟斯等国，其苏门答腊国，伪王苏干剌，寇侵本国，其王遣使赴阙，陈诉请救，就统领官兵剿捕，神功默助，遂生擒伪王，至十三年归献。是年，满剌加国王亲率妻子朝贡。永乐十五年，统领舟师往西域，忽鲁谟斯国进狮子、金钱豹、西马。阿丹国进麒麟，番名祖剌法，并长角马哈兽。木骨都束国进花福禄并狮子。卜剌哇国进千里骆驼并驼鸡。爪哇国、古里国进縻里羔兽。各进方物，皆古所未闻者。及遣王男、王弟捧金叶表文朝贡。永乐十九年，统领舟师，遣忽鲁谟斯等各国使臣，久侍京师者，悉还本国，其各国王，贡献方物，视前益加。宣德五年，仍往诸番国开诏，舟师泊于祠下，思昔数次皆仗神明护助之功，于是勒文于石。

郑和看着眼前这一行行简单的文字，脑海中回忆着一个又一个生动的画面，往事一幕幕涌上心头。对于他人来说，这些也许都是微不足道的小事；对于后人来说，这就是一段历史；可对于郑和来说，这就是他的一生。

（三）

宣德六年（1431）二月二十六日，郑和的船队到达福建长乐港，在这里进行了相当长时间的准备工作。曾经多次跟随郑和下西洋的老水手早已遣散回家，这一次郑和虽然多方搜罗，但找回来的仍然不到一半。

为此，郑和不得不起用新的水手，他们中的不少人都是第一次下西洋，于海道航程一无所知。郑和虽然嘴上没说，但对这次远航却如同第一次下西洋时一样，感觉心中没底。所以，在福建他进行了认真的准备工作，包括对新水手的培训等。直到郑和觉得一切可以放心时，才在当年的十一月起航。

在此期间，郑和还在长乐南山三峰塔立了一座《天妃之神灵应记》，也记录了他七次远航的始末，不但内容与太仓刘家港的一致，就是文字也大体差不多。这清清楚楚地表明，郑和的这种行为是在对自己的一生作一个历史性的总结。

出于同样的目的，郑和在长乐还铸了一口钟，上面刻有铭文：

> 永远长生供养，祈保西洋往回平安，吉祥如意者。
>
> 大明宣德六年岁次辛亥仲夏吉日，太监郑和、王景弘等同官军人等，以心铸造铜钟一口。

郑和新组成的水手队伍对这次远行缺乏应有的信心，老水手与新水手合作，也觉得新水手处处别扭，不相信他们能应付海上可能遇到的意外情况。新水手本来就对远航不了解，在老水手的情绪影响之下，他们自己也不敢相信自己了。

郑和十分清楚水手们对天妃的迷信，因此处处修庙立碑，也是为了让水手们坚信，天妃会保护他们，从而以这种方法提高水手对远航的信心。

宣德六年十二月初九，郑和率领船队从福建五虎门出发，开始了他人生中的第七次出使西洋。船队在航行了整整16天，才到达他们出使的第一站占城。

对于此段行程，郑和的心中掠起一丝不祥的征兆。这段海路他走过多次，如果顺利的话，10天就应该到达了。这个不理想的开端，是不是意味着他们此后的出使都不会太顺利呢？郑和不知道。

此次出使，郑和的任务较重。明宣宗虽然没有说明他的真实用意，但郑和很清楚，明宣宗是希望能创造出万国朝贡的盛况。所以，郑和此行的最大目的，就是尽可能地吸引各国使臣入京朝贡。

在这种情况之下，郑和不得不利用最短的时间走完尽可能多的国家。在占城，郑和停留不到一个月，就于宣德七年（1432）正月十一日再次起航了。

宣德七年二月初六日，郑和的船队匆匆来到爪哇，六月二十七日又到达旧港，七月八日到达满剌加，八月十八日到达苏门答腊。

在郑和此次出使之前，满剌加便派出使臣进京向明宣宗告状，说暹罗人又在逼迫他们作附属国，国王派他们向大明皇帝求救，请大明皇帝出兵制止暹罗人。

满剌加使臣还提出，他们的国王本来是想给大明皇帝上一份奏章的，但全国也找不出一个会写汉字的人，只好派使臣亲自面奏皇上。为了躲过暹罗人的盘查，他们是搭乘苏门答腊人的贡船来的。

满剌加人的行动正中明宣宗下怀，让他万分高兴。现在，满剌加人不远千里，来请大明皇帝裁决他们与暹罗人之间的纠纷，不正可以证明，大明朝是西洋各国公认的天朝大国吗?

大喜之下，明宣宗不仅盛情款待了满剌加使者，还命令赏赐他们。

不过，礼部官员却不理解明宣宗此刻的心情，上奏说满剌加使者没有带来贡品，依照惯例是不能颁赏的，

明宣宗对礼部的上奏十分不满，斥责礼部官员说：

“他们不远万里来向天朝诉说不平，就凭这一点忠心，难道不该赏赐吗？”

随后，明宣宗不仅重重赏赐了满剌加使者，还命令郑和出使时顺路处理一下这件事。为此，郑和又奔波于暹罗与满剌加之间。

大明朝的使者已经很久没有出现在西洋各国了，暹罗国王原本以为大明朝再也不会派出使者干涉西洋地区的政务了，因此他才产生了重

新将满刺加收归自己国家版图的念头。现在，他见大明朝的使者再一次出现在他的国土上，船队还是那么庞大，人数还是那么众多，更重要的是，率领船队前来的还是那个可敬可畏的郑和，不觉为自己的莽撞行为后悔起来。

国王又按照暹罗人的惯例，去请示自己的夫人该怎么办。王后告诉他，郑和是不会主动与他们开战的，只要国王去认个错，答应不再将满刺加收为属国，自然也就不会有事了。

于是，暹罗国王亲自到海边迎接郑和的船队，并向郑和认错道歉，表示此后不再做这样的糊涂事。郑和需要的也正是这个态度，因此对国王申斥了几句后，也就大事化小，将矛盾解决了。

第二十章　客死异乡

西洋之迹，著自郑和。

——佚名

（一）

郑和在暹罗处理完一切事情，准备起航离开时，指挥使朱真忽然前来禀告，称各船清点人数后，发现船上少了140多名水手。

郑和略微沉思了一会儿，笑着说：

“你再去核实一下，看看少的是新水手还是老水手。”

朱真领命去了，过了好一会儿，才拿回一张名单禀报说：

“共有143人不知去向，其中有131名是新水手，只有12名是老水手。”

郑和听完汇报后，只是点了点头，随后说道：

“开船吧，不必管他们了。”

朱真对郑和的态度非常不解，忙问道：

“大人，失踪这么多水手，为什么不追查一下是不是暹罗人暗害了他们呢？”

郑和笑了笑，问道：

“你想过没有，为什么失踪的多为新水手，而不是跟随我们多次下过西洋的老水手呢？”

朱真一时语塞。

郑和接着说：

“在国内，一些水手衣食都没有着落，何况娶妻生子了。这里风景秀丽，物产丰富，地广人稀，衣食不愁，而且，这里的女子特别喜欢中国的男人，即使他们无钱娶妻，也会有女子愿意嫁给他们。对于这些穷水手来说，这里几乎就是他们梦中的天堂了，他们怎么还愿意回去继续过穷困潦倒的日子呢？与其强迫他们回国，不如就留他们在这里享福吧。”

朱真一听，又问：

“大人的意思是说，这些水手都是自己逃走的，想在这里过一辈子，不回大明了？”

郑和点点头，缓缓说道：

“如果你不信的话，可以去查查，看失踪的人是不是大多数都在国内单身一人，没有家室。”

朱真想了一下，又问：

“可是，少了这些人，我们回去怎么向皇上交待呢？”

郑和笑道：

“人还能没个生老病死的？回去报途中病故就是了。”

朱真答应一声，下去了。

船队到达苏门答腊后，在那里停留了一段时间，随后开船离开。刚刚在海上航行了五天，一些有经验的老水手便纷纷向郑和报告说，看海上的天气情况，恐怕不久就要有大风暴袭来。

郑和大吃一惊。对于航海的人来说，风暴是比恶魔更可怕的东西。一阵风暴过后，往往所有的船只都会变成海面上漂浮的一块块碎木板。而现在船队正处于大海中央，无处能够泊船避风。前方到达锡兰山，恐怕也还需要十天以上的路程。就是最近的南渤泥，距离这里也要有两天的航程。

危急之中，郑和忽然想到了那个据传被佛祖诅咒，人人都不穿衣服的翠蓝山，因此问道：

“问问前面的船，到翠蓝山还需要多久？”

过了一会儿，前面的船回话说，到翠蓝山不过半日的航程。郑和马上传令，船队改变航向，驶往翠蓝山避风。

翠蓝山是位于现今孟加拉湾东南部的一个小岛。当时，这个小岛上的居民的社会形态还处于原始社会阶段。中国古代的史书中记载，岛上的居民都赤身裸体，生活简陋。据传，佛祖释迦摩尼经过此山，在水中沐浴，结果被岛上的人偷去了袈裟，心中不乐，便下咒：今后该岛上的人如果穿衣服，一定要让他的皮肤腐烂。于是，岛上的人从此再也不能穿衣服了。

郑和船队上的人们每次经过这里，心中总是禁不住好奇：这个岛上的人们真的赤身裸体吗？其实，那时候的人还不能理解，原始社会时期的人们赤身裸体并没有什么奇怪的。

于是，在一个偶然的机会，船员们登上了翠蓝山，看到了翠蓝山人是如何生活的，总算是满足了好奇心。原来，翠蓝山靠近赤道，一年四季天气炎热，加上当地居民的社会形态落后，当然没有必须穿衣服的意识，只是用树叶遮住身体。

（二）

郑和率领船队前行了一阵，前边已经能远远地望见翠蓝山的山顶了。这时，船上的人们也发现，东方的天边出现了一大片黑云，并迅速向船队追来。大海也变得躁动不安，天色渐渐暗了下来。

当郑和的船队赶到翠蓝山时，天空中的黑云已经追上他们，并低低地在空中翻滚，仿佛一头巨大的怪兽，随时都可能从天空中扑下来，将船队吞噬掉。

不久，大雨倾盆而下，一时间，船上的人们分不清哪里是天、哪里是海，一眼望去，天地间都是灰茫茫的一片，一切景物都隐没在层层雨雾之中。随即，海浪也高高卷起，向着船队压下来。

幸运的是，郑和的船队已经赶在大雨到来之前，在翠蓝山附近的海面上落帆下锚。这里海水较浅，兴不起大的风浪，风也受到山的阻挡，力量减弱了许多。只有雨水是挡不住的，无情地冲刷着郑和的船队。

大雨整整下了一天，雨停后，天还是黑暗的。这天夜里，郑和一夜都没敢入睡，担心有意外发生。第二天一早，天晴了，风平浪静，海天碧蓝，一望无际，看着太阳从东方冉冉升起，郑和那颗悬着的心才放下，回船舱中休息去了。

风暴虽然过去了，但老水手们还是担心海上不安全，于是，郑和命令船队在翠蓝山一连驻扎三天。在这三天里，翠蓝山的居民用他们当地的椰子与船队交换了无数他们见所未见的宝物。

三天后，船队再次起航，驶往锡兰山。宣德七年十一月初六，船队到达锡兰山。从这里，郑和分出一支船队驶向非洲东海岸，而他本人则率领主力船队于本月十八日到达古里。

在古里，郑和又分出两支船队，一支前往祖法儿，另一支前往天方国。天方国也就是今天的沙特阿拉伯，著名的伊斯兰教圣地麦加就在那里。郑和从小就梦想着自己有一天能够到达麦加，因为到那里朝觐是每个伊斯兰教徒的心愿。

这一次，郑和派遣洪保、马欢等人率队前往麦加访问，他自己则率领余下的船只，于十二月二十六日到达忽鲁谟斯国。

此时，冬季季风基本已经过去，郑和的船队再也不能向西行驶了。如果再进一步西行，就需要等到下一年的季风再次来临才行。

已经在南京生活了五年多的郑和，身体状况每况愈下，现在又经过一年多的海上颠簸生活，老迈的身体再也经不住各地气候的变化，终于在途中病倒了。

被病痛折磨的郑和眼睛望着西方，不觉叹息连连。他实在无力再向更西的地方驶去。他也不能在这里等候下一年的季风，因为他担心自己从此会一病不起，回不到自己的祖国。

于是，郑和下令，从忽鲁谟斯返航。

宣德八年（1433）二月二十八日，船队从忽鲁谟斯国起航。郑和向这个伊斯兰教国家充满深情地望了一眼，又流下了泪水。

三月十一日，船队返航到达了古里。由于气候变化及心情关系，郑和的病情又加重了，不得不在古里停船治疗，也顺便在这里等一等分遣去各地的小分队。

郑和等人一直在古里等到三月二十日，各支分队才陆续到齐。郑和见船队都到齐了，立即命令起航。

王景弘见郑和病情较重，就劝道：

“郑大人，我们也不忙于这一时，大人不如上岸休息几天，等您的病情好转一些，我们再起航也不迟啊。”

郑和喘息着，摇了摇头，吃力地说：

“不必了，我知道，我的病是治不好的。我们还是快点起航吧，我不想死在海外。”

王景弘见事已至此，也就不再坚持，一路催促船队快速行进，返回国内。

（三）

宣德八年四月六日，郑和的船队到达苏门答腊，二十日到达满剌加，五月二十六日到达占城，六月九日已经望见了南澳山。

这时，郑和从病床上挣扎着坐起来，脸上挂着微笑，喃喃说道：

“我回来了，终于回来了。”

虽然郑和自己不说，但副使王景弘心里很清楚，郑和此次病得很重。因此，他暗中派出一只快船提前奔赴南京，向郑恩来报信，命他火速赶到太仓来迎接郑和。

六月二十一日，郑恩来的船队抵达太仓。

当郑和意外地发现郑恩来来到船上迎接自己时，不禁百感交集。他拉着郑恩来的手，喃喃地说：

“我不是在做梦吧？”

郑恩来说：

“父亲，您不是在做梦，是王大人派人通知我，让我来这里接您回家的。”

郑和老泪纵横，说道：

“太好了。我心里也正想着要回家呢，你就来接我了。”

在郑恩来的护送下，郑和回到了南京马府街自己的家中，不久后病故，终年62岁。

关于郑和的去世地点，还有种说法是：当船队航行到印度西海岸的古里附近时，郑和便因劳累过度一病不起，并于宣德八年（1433）四月初在古里逝世，时年62岁。船队由副使王景弘率领返航，经苏门答腊、满剌加等地，回到太仓刘家港。

宣德八年七月初六（1433年7月22日），郑和的船队到达南京。《郑和年表》上称：

“船队回国，赐葬郑和衣冠于南京牛首山麓，建衣冠冢。”

郑和去世后，他的尸骨是如何处理的？有没有运回国内？目前也存在着争论，但具体有四种看法：

第一种活法：“就地海葬说”。按照回民的风俗，人死后三日要速葬，用白布包裹全身，深埋且不附棺。郑和自去世后至王景弘率领船队回国，历时三个多月，而当时东南亚地区正值盛夏，天气炎热，遗体难以保存，不可能运回南京安葬，因此只能在海上水葬。郑和的副手将郑和的衣冠和发辫带回国内，由明宣宗赐葬在牛首山，即今日牛首山郑和衣冠冢。

第二种说法：“火葬说”。当时的古里流行火葬。船队为携带方便，便将郑和就地火葬，然后将其骨灰带回中国。

第三种说法：“土葬印尼说”。郑和在七下西洋途中，有六次途经印尼，与当地人建立了深厚的友谊。船队在回国过程中，天气炎热，于是便将遗体葬于船队路过的印尼爪哇岛三宝垄。现在，当地还有三宝洞，供奉着郑和的塑像，洞旁有三宝墩，相传即为郑和墓。

第四种说法：郑和的遗体被运回了中国。在明朝时期，用水银长时间保存遗体而不腐烂的技术已经相当成熟。例如，明朝大将沐英在云南去世后，其遗体便经过防腐处理，长途跋涉八个多月，最后运抵南京归葬；明朝清官海瑞在南京去世后，朝廷命琼籍人许子伟护棺归葬，灵柩顺长江而下，历经艰险而抵达海南琼山。既然沐英、海瑞等人的遗体能够保存数月而不腐，那么威望卓著的郑和的遗体也很可能会被不惜代价运回国内。

而关于郑和的去世时间，史学界也曾有过争议。20世纪40年代，研究郑和的学术泰斗郑鹤声提出，郑和逝世于1435年，其理由是：宣德十年，大明朝发给南直隶的册书中已不见郑和的名字了。但目前史学界大都认为，郑和应逝世于1433年。

不论郑和是在何时、何处去世的，但这样一位伟大的航海家就此在历史上消失了，令人惋惜。郑和去世之后，中国再也没有出现过大规模的航海活动。

大约70年以后，哥伦布开始了他的发现新大陆的航行；大约90年以后，麦哲伦进行了他的航海活动。可是，哥伦布的船队仅仅包括三艘帆船和90名水手，麦哲伦的船队也不过五艘帆船和265名水手，他们都被后世歌颂为伟大的航海家，成为西方人崇拜的偶像。

然而，曾经七次出海，率领200余艘帆船、两万七千多名船员往来于亚非各地的郑和，在中国却有近500年无人提及。就连郑和所树立的石碑，记载着中国人以往的荣耀，记载着中国人对海外的认识，也记载着郑和开创这一切的艰辛，也在荒野中被湮没无闻了。

而当人们再一次记起那个曾经远航西洋的郑和时，中国也已经彻底地变了样子。

第二十一章　功垂千古

郑和之后，再无郑和。

——（清）梁启超

（一）

郑和率领着庞大的船队，从永乐三年（1405）开始，到宣德八年（1433）结束，前后时长近30年，先后七次出使西洋，历经30多个国家，“涉沧溟十万余里”。从其出使的历程来看，船队最远处到达了红海和非洲的东海岸。

郑和之所以能够率领庞大的船队成功地七下西洋，不仅因为他有着大无畏的勇敢精神，还因为有明初雄厚的经济基础为其后盾，以及发达的造船业和先进的航海技术为其保证。

我国古代时期有着素称发达的造船业。早在先秦时代，我国就能建造长30米、宽6—8米、载重50—60吨的木船。隋唐时期，造船技术向前迈进了一大步。隋朝在灭掉陈之前，建造的“五牙”战船，有楼五层，高百余尺，能载800余人。就是次一等的“黄龙”船，也能装载百人。到了唐朝时期，所造的海船长66米，可载六七百人之多。

中国制造的海船，通常都船体庞大、坚固，抗风浪能力强，安全可靠，因此，不仅东南亚各国人喜欢乘坐中国船，就是现在以造船和航海著称于世的日本人，当时也喜欢乘坐中国船。

由于船体较大，航抵故临（今印度奎隆）时，中国海船所缴纳的过口税是一般外国船只的5—45倍；而到波斯湾沿岸的诗罗夫后，还要改装小船，才能将货物继续西运到巴士拉等地。

唐朝时期的海船，不仅船体之大为当时世界之最，就连船体构造之科学也是首屈一指的。为了增加船的抗摇动性，船上使用了披水板（即浮板）。披水板也叫“翼板”，与现代钢质船底部的“舭龙骨”相似。这要比西欧早七八百年。为了增强船舶的抗沉性，还普遍采用了水密隔舱的方法，这要比西欧早一千年以上。

到了宋元明时期，国家更加重视造船业。明朝朱元璋统治的洪武年间，为了造船，曾在钟山设桐园、漆园、棕园，植树数千株。在南京西北龙江关（今下关）设立造船场，调取浙江、江西、湖广、福建、江苏等地滨海居民400多户熟练的造船工匠，前往南京造船。该船场长约1167米，宽约127米，后来曾制造了郑和下西洋的宝船多艘。

明朝时期造船的数量是十分惊人的。据统计，仅永乐年间（1403—1424）就建造和改造了海船近2000艘。当时在运河之中，经常有万艘以上的粮船来往运输，可见当时造船业发达之盛况。

明朝建造船舶的类型也很多，仅战舰一类就有20余种。各种不同类型的船舶都是根据不同的海域和不同的目的而设计的。如福船和广船，主要适用于海阔水深多岛屿的南海；沙船则更适用于浅滩较多的北方水域；而“海苍船”“鹰船”等，机动灵活，敏捷迅速，更适用于作战。

这些类型船舰的出现，也说明了当时明朝政府对船舶的浮性、稳性、抗沉性、快速性、适航性、操纵性等基本原理，已经有了较深的认识，造船工艺达到了娴熟的程度。

正因为明朝时期造船技术的先进性，才造出了郑和下西洋所使用的大型宝船。而大型宝船的建造，也将明朝的造船技术推向了更高的水平，标志着明朝造船技术的新发展。

不仅明朝时期的造船业发展迅速，郑和下西洋所率领船队的航海技术在当时也达到了相当高的水平。他们将地文航海、天文航海、罗盘指向、测量水深和地质等有机地结合起来，将中国的航海技术推向了一个新的水平。

人们曾根据郑和第七次下西洋的航线，绘制出了一份航海图，名为《自宝船厂开船从龙江关出水直抵外国诸番图》，即一般所称的《郑和航海图》。其中，有这样一段记载：

> 太仓港口开船，用丹乙针，一更，船平吴淞江。用乙卯针，一更，船到南江嘴。平招宝，用乙辰针，三更，船出洪，打水丈六七，正路见。茶山在东北边过，用巽巳针，四更，船见大小七山，打水六七托。

这里指的是船从太仓起航，沿今江苏、浙江南下的针路、转向的陆标及测量的水深。

郑和的船队在近海航行时，主要使用的是地文航海，上文所说的“船平吴淞江”、“船到南江嘴”等都是。其他地方也有这种情况，比如到占城的新州港（今越南归仁），就是以海岸上的一个石塔作为陆标；从苏门答腊岛向西航行，则以尼科巴群岛和安达曼群岛的山峰为其陆标。

船队在航行过程中，郑和还不断命人测量水深和底质。测量的方法是：船航行一段，就将一端系有铅锤的绳子放入水中，铅锤的底部涂以牛油。铅锤到达海底后提取上来，从绳子进入水中的长度来判断水深，从铅锤上粘的泥沙判断底质。水手们凭借他们多年的航海经验，通过水深和底质就可以判断船舶所在的位置。

（二）

郑和率领着庞大的船队，劈波斩浪，七下西洋，具有重要的历史意义和深远的影响。他的伟大的航海活动，比欧洲的哥伦布、达伽马、麦哲伦等的航海探险活动早了一个多世纪，规模也比他们的船队大得多。而且，郑和下西洋，还扩大了我国同海外各国之间的贸易往来，对当时中国社会的经济具有一定的影响，对增强在我国人民和亚非各国人民的友谊作出了重要贡献。

郑和七下西洋，遍访亚欧三十余个国家，是我国古代航海史上的空前壮举，在世界古代航海史上也写下了光辉的篇章。

与郑和航海的同时，葡萄牙的亨利亲王曾建立航海学校，极力鼓励沿非洲西海岸南下的所谓探险活动。但是，直至郑和的船队最后一次从非洲东海岸回到国内的公元1433年，葡萄牙人才到达非洲西海岸的博哈多尔角，即北纬26度左右的地方。而郑和率领船队的第五次航行，即公元1418年前后，就已经到达了非洲东海岸南纬3度左右的麻林国。

至于葡萄牙人到达博哈多尔角和郑和的船队到达肯尼亚境内麻林国的航程，相差就更远了。就连达伽马绕过好望角到达印度（1498年），都是在郑和横渡印度洋到达东非海岸80年之后的事情了。

世界上著名的航海家很多，但像郑和那样，有近30年的时间都频繁地活动于海洋之上的航海家是不多见的。且不说后来的哥伦布、麦哲伦等率领的船只大小、船队规模等，无法与郑和相提并论，仅从出海时间上来说，他们的出海时间也比郑和短得多。

在历史上，哥伦布首次驶往美洲的航行时间是1492年，到他去世的

1506年，在海上活动时间也只有14年。麦哲伦的航海生涯更加短促，于1519年从西班牙起航，还没等到达印度洋，就于1521年在菲律宾群岛去世了。

由此可见，郑和七下西洋，其功绩是同时期的航海家无法超越的。郑和在《天妃灵应之记》中记录了这样一段话：

> 观夫海洋，洪涛接天，巨浪如山；……而我之云帆高张，昼夜星驰，涉彼狂澜，若履通衢。

这充分表现了我国人民同海洋搏斗的英勇无畏精神，同时也证明：郑和不愧为一名伟大的航海家。

同时，郑和下西洋也扩大了我国同亚非各国的贸易往来，对当时中国社会的经济产生了深远的影响。

郑和下西洋，以大量的中国丝织品和瓷器，换取了海外各国的土特产品、珍珠、玛瑙、香料、药材等，这就在客观上为扩大这些手工业产品开辟了道路。

当时，景德镇是全国的瓷器制造中心。洪武年间，景德镇有官窑20座，到宣德年间，官窑已经增加至58座。

不仅官窑的数量增加了，所造瓷器的质量也大有提高。永乐时期造的压手环，“杯外青花深翠，式样精妙，若后来仿效，殊无可观”。

宣德年间，最受西洋各国喜欢的青花瓷器，都是大明朝瓷器的珍品，“为今古之冠”。瓷胎所用的陶土洁白细腻，青花的原料乃真“苏泥勃青”，系来自国外。而“创古未有”的祭红瓷器，是“以西洋红宝石为末入泑”烧制而成。以海外特产“苏泥勃青”和西洋红宝石为原料，烧制出前所未有的瓷器佳品，可见郑和下西洋所开拓的海外贸易对中国瓷器制造业发展所作出的贡献。

可以说，郑和下西洋扩大了中国同亚非国家的贸易往来，引起了这些国家对中国手工业品的更大需求，开拓了中国手工业品的国际市场。

宣德之后，明朝国势渐衰，加以瓦剌、鞑靼侵扰北方，政府已经无力再进行大规模的官营海外贸易。因此，当大明朝废止下西洋之后，私人海外贸易有了广阔的发展。

明成化、弘治年间（1465—1505），东南沿海的一些豪门巨室开始组织船队出海进行贸易，即使朝廷的“海禁”政策也不能阻止他们。到了嘉靖年间（1522—1566），一些沿海的地主、商人已将海外贸易视为发财致富的重要途径。

除了中国的私人船队会到海外进行贸易活动之外，东南亚与印度洋地区各国，冒充贡使来中国进行贸易的商人也多了起来。他们带来的货物，如胡椒、苏木、铜鼓、戒指、宝石等，充斥着国内的市场，有些人还因此发了财。

从《明史》的有关记载来看，成化、弘治年间来朝贡的国家已经远远不及永乐、宣德年间，但远至阿拉伯半岛的天方，却依然有贡使来朝，由此可见郑和下西洋所建立的以贸易为主的朝贡关系影响之深远。

（三）

郑和七度出使西洋，使中国与亚非各国的交往也大大扩大了，从而开阔了中国人的视野，使中国人对东南亚、北印度洋沿岸、阿拉伯海、红海以至非洲东海岸一带的广大地区有了更多的了解和认识。

在随同郑和一起出使西洋的人所著的《瀛涯胜览》《西洋番国志》及根据郑和最后一次下西洋所绘制的《郑和航海图》中，对以上地区的山情水势、地理人情、风俗习惯以至政治经济状况等，都作了不少记述，大大地丰富了中国人的知识。

在这些著作当中，对亚非一些国家的风俗习惯的记述颇为有趣。比如对某些国家的丧葬之俗的描写，就是其中之一。

在爪哇，如父母去世，其儿女要在其临终前问清是火葬、水葬还是犬食。若死者嘱其子女犬食，则死后其子女就将尸体抬到海边或田野，任狗来吃。若是被吃光了，子女们高高兴兴；若吃不光，则悲号哭泣，再将尸体的残余部分扔入大海。

在一些富贵人家，还有殉葬的习俗。主人将死，他所宠爱的婢妾都要发誓“死则同往”。主人死后，在焚尸火势正旺之时，发誓的那些婢妾就要头戴草花，身披五色花巾，蹦跳哭嚎一阵，钻入熊熊烈火之中，同主人一同死去。

在暹罗，还有“鸟葬”的习俗，即人死后，他的亲属将尸体抬到海边，陈尸在沙滩之上。这时，就会有几十只像鹅一样的金色大鸟，成群结队地飞来，饱餐一顿。剩下的骨头，则由家人哭嚎着丢入大海之中。

忽鲁谟斯国的葬礼是比较讲究的。人在死后，要用干净的清水从头到脚洗两三遍，再将麝香片放入死者的口鼻之中，然后将尸体置于棺内，以备掩埋。

忽鲁谟斯国的墓穴都是用石头砌成的，穴底铺上五六寸厚的干净沙子。将棺材抬到墓穴上后，要去掉棺材，只将尸体葬入穴内，上面盖上石板，加上净土，筑成坟堆。这种丧葬风俗，至今在我国的回族中仍然可见。

此外，这些著作中对各国的婚姻嫁娶、穿着服饰、宗教信仰等，也有不少生动的描述。

著作中对各国的政治经济状况也进行了记述。比如，满剌加人以捕鱼为业，刳木为舟，泛海取鱼，很少有从事农耕的。溜山国人也是“不识米谷，只捕鱼虾而食”。榜葛剌则不同，那里“田沃丰足，一岁二收”，但他们种庄稼是不耕耘不培土的，只是将种子撒在肥沃的田野里，任其随着时节自然生长。

另外，书中对各国的物产、贸易状况等也作了详细的记载。尤其可贵的是，他们对一些国家的阶级状况进行了活灵活现的描述。例如，柯枝国人分为五等：一等为南昆，二等为回回，三等为哲地，四等为革令，五等为木瓜。

所谓“木瓜者，至低贱之人也。至今此辈在海滨居住，房檐高不过三尺，高者有罪；其穿衣上不过脐，下不过膝；其出于途，如遇南昆、哲地人，即伏于地，候过即起而行。木瓜之辈，专以渔、樵及抬负挑担为主。官不容穿长衣”。

通过这段描述，将木瓜人的困苦状况和社会地位描述得淋漓尽致。它不仅让当时的人们了解到了印度某些地区的社会等级状况，而且也为我们今后研究500多年前印度的阶级状况提供了生动的资料。

除了这些书中所记载的大量的东南亚沿海、北印度洋沿岸以至阿拉伯海、红海一些国家的情况外，当时的明朝廷根据郑和下西洋回来的汇报，以及各国使节、商人来访时的讲述，也作了不少记述。这些记载就成为后人撰写《明实录》时在描写有关外国情况的根据。

由此可见，郑和下西洋不仅让当时的中国人了解到了世界的辽阔、民族的众多、物产的丰富及风俗的殊异，还为后人了解这些地区的历史留下了宝贵的资料。

（四）

郑和七下西洋以及由此而扩大的海外贸易，使得西洋及印度洋地区输入了精美的中国手工业品，同时也输入了高度发展的中国封建文化，这对于这些地区经济的发展和人民物质生活水平的提高都是十分有益的。

比如，中国铜钱的使用，无疑促进了爪哇、南渤泥、旧港等地商品经济的发展和贸易的繁荣。中国瓷器的输入，使得原来以蕉叶盛食的一些地区开始使用青花瓷盘作为餐具。中国的丝织品，使得一些地区的人们衣着更加舒适和漂亮。这些，都丰富和提高了当地人们的生活水平，促进了中国同这些地区人们之间的友谊。

而中国与南洋的往来也有着悠久的历史。据《汉书·地理志》记载，早在汉朝时期，我国就已有使臣到达南洋海域。到了唐朝时，已有不少中国人散布在南洋各地，当地的居民称呼他们为“唐人”。

到郑和下西洋时，在旧港一地已经有华侨数千余人；爪哇岛上的新村，原本只是一片沙滩，但由于中国人的定居、开发，到郑和去时已经成为千余家华侨聚居的村落。

郑和下西洋之后，中国人到南洋去的就更多了。即使是郑和船队中的人员，也有不少在南洋落户的。到欧洲人到来以前，明朝后期时，至少有十几万华侨散居于南洋各地，其中住在吕宋（今菲律宾）的华侨有三四万人，住在爪哇的有两三万人。

这些在南洋谋生的华侨，大部分都是贫苦的农民和手工业者，还有一部分是受国内统治者迫害的人。但是，他们带去了中国先进的生产技术和文化知识，并积极参与居住国的开发和建设，有的开垦荒地，种植稻子、甘蔗、胡椒和茶树；有的上山开矿，经营金矿、锡矿；有的行医；还有的从事手工业生产。他们以辛勤的劳动，同居住国人民一起开发当地的资源，从而促进了南洋地区经济和文化的发展。

东南亚的一些国家还常常吸收一些中国的知识分子为他们服务，有的中国人在那里还被委任以官职。如在成化年间，福建汀州人谢文彬，在贩盐下海时，遇到大风，漂浮到暹罗，后来就在暹罗作了高官。

郑和下西洋对中国人的生活也产生了一定的影响。郑和的船队带回来的药材，如血竭、没药、安息香、乳香、苏合油、芦荟、木香、苏木、降香、龙涎香等，大大地丰富了中医药学知识，还有利于中国人研究医药学。而他们从西洋买回来的布匹、胡椒等，也丰富了中国人的生活。

正因为郑和下西洋增强了中国同亚非各国人民之间的友谊，所以在国外，有许多地区的人们都十分怀念郑和，不少地区还以郑和的名字来命名，如泰国的三宝港、三宝庙、三宝塔等；马来西亚还有三宝城、三宝井等；印度尼西亚有三宝垅、三宝公庙、三宝墩、三宝井等。在中国，三宝太监下西洋的故事更是家喻户晓，广为传诵。

郑和生平大事年表

1371年　马和出生于云南昆阳州（今晋宁县）宝山乡和代村的一个回族家庭之中。

1380年　燕王朱棣就藩北平。

1382年　明军征云南，马和的父亲马哈只去世。马和被掳入明营，遭阉割。

1384年　随明军傅友德、蓝玉部队来到名都南京，后又调防北平。

1390年　被燕王朱棣看中，选入燕王府服役。

1392年　太子朱标殁，明太祖朱元璋立朱允炆为皇太孙。

1398年　明太祖朱元璋去世。

1399年　朱允炆即位，是为建文帝。随后，建文帝实行削藩政策，派军攻打北平，马和随朱棣作战。

1402年　随朱棣一起攻陷南京，建文帝下落不明。

1403年　朱棣在南京称帝，年号永乐，是为明成祖。

1404年　因在郑村坝战役中战功显赫，获永乐皇帝赐姓“郑”，从此改称郑和，并擢拔为内官监太监。

1405年　奉永乐皇帝之命，率领船队两万余人第一次下西洋。

1406年　带领船队，途中访问了占城、暹罗、旧港、满剌加、苏门答腊、锡兰山、古里等国。在旧港消灭海盗陈祖义，在古里刻碑记事。

1407年　返回中国，不久又与王景弘等人率船队第二次下西洋。

1408年　途中访问了渤泥、爪哇、加异勒、柯枝等国。在锡兰山立布施佛寺碑。

1409年　七八月间返回国内，九月，又偕王景弘、费信等人第三次下西洋。

1410年　途中访问了阿鲁、甘巴里、小葛兰、溜山、忽鲁谟斯等十余个国家。在锡兰山粉碎了锡兰国王亚烈苦奈儿的阴谋。

1411年　七月回国。在南京建造静海寺。

1412年　主持监造南京大报恩寺和琉璃宝塔。

1413年　是年十一月，率领船队第四次下西洋。

1414年　途中访问了彭亨、吉兰丹、木骨都束、麻林等亚非十几个国家，为苏门答腊平息了该国内乱。

1415年　七月回国。

1416年　御制弘仁普济天妃宫之碑，立于南京天妃宫内。

1417年　率船队第五次下西洋。六月，途径福建泉州，在泉州城外灵山圣墓行香，立有行香石碑。

1418年　途访南巫里、阿丹、麻林、沙里湾泥、卜剌哇、剌撒等国。

1419年　七月回国。

1420年　永乐皇帝朱棣迁都北京。

1421年　偕王景弘、马欢等人，率船队第六次下西洋，途访了占城、暹罗、满剌加、祖法儿、阿丹、木骨都束、卜剌哇等国家。

1422年　八月回国。

1424年　永乐皇帝朱棣病逝。

1425年　朱棣长子朱高炽即位，是为明仁宗。明仁宗视下西洋为弊政，废止远航活动。二月，任命郑和为南京守备。

1426年　明仁宗病逝，其子朱瞻基即位，是为明宣宗。郑和仍任南京守备，负责监造南京大报恩寺。

1430年　受明宣宗之命，准备第七次下西洋。

1431年　偕王景弘、马欢、费信等人，率领船队两万七千余人第七次下西洋。在福建长乐南山天妃宫刊立《天妃灵应之记》碑，铸铜钟一口。

1432年　途中访问了忽鲁谟斯等二十余个国家。

1433年　于归国途中积劳成疾，在古里（今印度卡利卡特）病逝。七月，王景弘率领船队回国，明宣宗将郑和赐葬于南京牛首山南麓。